Johannes Twardella
Pädagogischer Pessimismus

Forschungsbeiträge aus der Objektiven Hermeneutik, Band 9.
Herausgegeben von *Ulrich Oevermann, Roland Burkholz, Christel Gärtner und Oliver Schmidtke*

Johannes Twardella

Pädagogischer Pessimismus

Eine Fallstudie zu einem Syndrom der Unterrichtskultur an deutschen Schulen

HUMANITIES ONLINE

Bibliografische Information der Deutschen Nationalbibliothek
Die Deutsche Nationalbibliothek verzeichnet diese Publikation in der Deutschen Nationalbibliografie; detaillierte bibliografische Daten sind im Internet über http://dnb.ddb.de abrufbar.

Frankfurt am Main
info@humanities-online.de
www.humanities-online.de

Erste Auflage 2008
ISBN 978-3-934157-62-0

Gesetzt aus der Linotype Centennial
Umschlaggestaltung: Uwe Adam
Printed in Germany

Dieses Buch ist auch E-Book (PDF) erhältlich: www.humanities-online.de

Inhalt

Einleitung

Was ist prägend für Unterricht, wie er aktuell an deutschen Schulen stattfindet? Von den vielen Einflussfaktoren, auf die als Antwort auf diese Frage verwiesen werden könnte, soll einer im Zentrum der vorliegenden Studie stehen: derjenige, den ich als »pädagogischen Pessimismus« bezeichnen möchte. Gemeint ist mit diesem Begriff eine meist implizite – also nicht unbedingt bewusste und auch kaum explizit gemachte – Prämisse des Unterrichtens, die besagt, dass Schüler/innen äußerst defizitäre »Wesen« sind, die in die Schule kommen, ohne viel zu wissen und zu können und ohne richtig erzogen zu sein. Diese Prämisse ist insofern prägend für Unterricht, als aus ihr die Überzeugung resultiert, dass diese Schüler/innen nicht »überfordert« werden dürfen, es vielmehr notwendig sei, sie »an die Hand zu nehmen« und vorsichtig, aber gleichzeitig – weil sie sich nicht benehmen können – mit Strenge und Konsequenz zu »führen«.

Auf dieses Phänomen, auf den »pädagogischen Pessimismus«, bin ich gestoßen, obwohl mein Anliegen anfangs ein ganz anderes war: Intendiert war es zu prüfen, ob es möglich sei, eine Unterrichtsstunde in dem Sinne vollständig zu verstehen, dass keine Äußerung, die im Unterricht fällt, unberücksichtigt bleibt und zudem auch die Stunde als Ganze erfasst wird. Bei der Lektüre verschiedener Protokolle von Unterrichtsstunden – genauer gesagt, von Transkripten – aus dem »Archiv für pädagogische Kasuistik« (APAEK)[1] stieß ich zufällig auf das hier zum Gegenstand gemachte Beispiel, das mich – ohne dass ich den Grund dafür hätte nennen können – zunächst nur eigentümlich affizierte. Es schien mir in irgendeiner Weise »spannend« zu sein und war zudem von einem Umfang, der das Unternehmen als realisierbar erscheinen ließ.[2]

Dieses Transkript ist auf den ersten Blick recht unscheinbar: Es dokumentiert eine Unterrichtsstunde, die im Fach Deutsch an einer Hauptschule stattgefunden hat. Thema sind »Limericks«, also eine spezifische Form von Gedichten. Die Stunde scheint auf den ersten Blick ganz normal zu verlaufen, allerdings nicht auf einem sehr

1 http://www.apaek.uni-frankfurt.de

2 Andere Transkripte sind wesentlich länger und erfordern deswegen eine andere Form der Analyse bzw. der Darstellung der Ergebnisse der Analyse.

hohen Niveau. Auffällig ist allein, dass der Unterricht an einer bestimmten Stelle stockt, weil die Schüler/innen sich weigern, einen Arbeitsauftrag der Lehrperson zu erfüllen. Doch wird diese Krise nach einiger Zeit überwunden und die Schüler/innen machen schließlich das, was die Lehrperson von ihnen erwartet.

Mehrfach habe ich Studenten dieses Transkript zur Lektüre vorgelegt, die sodann rasch zu dem Urteil kamen: »Typisch Hauptschule!« Der Unterricht, wie er in diesem Transkript festgehalten ist, scheint den (nicht nur unter Studenten) weit verbreiteten Vorstellungen über das, was an deutschen Hauptschulen passiert, zu entsprechen, ja, sie weitgehend zu bestätigen. Vor allem scheint er dem Bild von *den Hauptschülern/innen* zu entsprechen, mit denen ein anderer – ein anspruchsvoller, weniger gängelnder – Unterricht kaum möglich sei.

Hinzu kommt, dass der im Transkript festgehaltene Unterricht in der Jahrgangsstufe 10 stattfand, und zwar mit Schülern/innen, die keinen Abschluss gemacht und keine Lehrstelle bekommen haben, die also nur in der Schule sind, weil sie – wie die Studentin, die während der Stunde anwesend war und das Transkript erstellt hat, erklärt – »sonst ein Jahr lang nix machen würden.«[3] »Dementsprechend war auch das Verhalten im Unterricht«, schreibt die Protokollantin im Anhang zu dem Transkript[4] – ein Urteil, das naheliegend zu sein scheint. Denn welchen Sinn hat ein solcher Unterricht, welche Motivation sollten Schüler/innen haben angesichts dessen, dass ihnen ihr bisheriger Schulbesuch – immerhin über neun Jahre ihres Lebens – keine Perspektiven eröffnet hat und auch in Bezug auf den nun stattfindenden Unterricht fraglich ist, ob er an ihrer Situation viel ändern wird? Warum sollten sie also in diesem Unterricht engagiert mitarbeiten? Ist das Ganze nicht einfach bar jeden Sinns?

Aus der Perspektive des – ungeschulten – teilnehmenden Beobachters sowie für denjenigen, der das Transkript flüchtig liest, scheint das ausgewählte Beispiel also ein solches zu sein, das die weitverbreiteten Vorstellungen über die Verhältnisse an deutschen Hauptschulen sowie über die Schüler/innen, die diese besuchen, bestätigt. Bei genauerem Hinsehen, bei einer gründlichen, methodisch disziplinierten Exegese des Transkripts sieht die Sache allerdings ganz anders aus. Die Analyse, die im Folgenden vorgestellt wird, wird zeigen,

3 Siehe http://archiv.apaek.uni-frankfurt.de/13, S. 6.
4 Ebd.

dass es keinen Anlass dazu gibt, anzunehmen, mit den am Unterricht teilnehmenden Schülern/innen sei ein besserer Unterricht unmöglich, und Hauptschülern/innen, die keinen Abschluss haben, nach der 9. Klasse weiter an der Hauptschule zu unterrichten, sei (angesichts dessen, dass sich ihre Chancen auf dem Arbeitsmarkt dadurch kaum verbessern werden) völlig sinnlos. Vielmehr wird sich erweisen, wie der Unterricht dadurch geprägt ist, dass von dieser Überzeugung immer schon ausgegangen wird, ohne dass versucht würde zu prüfen, ob sie überhaupt berechtigt ist. Von Anfang an fließt der pädagogische Pessimismus, anders gesprochen: fließt die pessimistische Anthropologie des Schülers (die am Ende – nach ernsthaftem Bemühen – womöglich eine gewisse Berechtigung hätte) in das Unterrichtsgeschehen mit ein, prägt es ganz entscheidend – und sieht sich am Ende bestätigt. Nicht das tatsächliche »Wesen« dieser Schüler/innen, sondern das unterstellte »Wesen« prägt den Verlauf des Unterrichts – und führt schließlich zu einem niederschmetternden Ergebnis. Und insofern dieses Ergebnis den pädagogischen Pessimismus zu bestätigen scheint, kann von ihm als von einer self-fulfilling prophecy gesprochen werden.

Bevor nun mit der detaillierten Analyse des Transkripts begonnen wird, sollen noch einige Bemerkungen zu der Art des Materials, zur Methode sowie zu theoretischen Fragestellungen, die mich bei der Interpretation des Falles beschäftigten, gemacht werden.

Zunächst einige Bemerkungen zu dem Material: Die Arbeit mit einem Transkript – so wie sie hier intendiert ist – stellt freilich immer eine Einschränkung dar. Nicht die Totalität des Geschehens wird in einem solchen festgehalten, sondern »nur« dasjenige, was akustisch wahrnehmbar ist – und das ist vor allem das, was im Medium der Sprache geschieht. Auf den möglichen Einwand, dass im Unterricht nicht nur verbal kommuniziert werde und eigentlich auch andere bedeutungstragende Elemente analysiert werden müssten, sei hier nur zweierlei entgegnet: Zum einen ist die sprachliche Kommunikation ohne Frage die dominante und wichtigste im Unterrichtsgeschehen, zum anderen ist davon auszugehen, dass Besonderheiten – etwa auffällige körperliche Gesten –, die ebenfalls wichtig für den Unterricht und dessen Verständnis sind, von demjenigen, der im Unterricht anwesend war und ihn aufgenommen hat, beobachtet wurden und er sie in einem Kommentar, der in das Transkript eingefügt wurde, festgehalten hat.

Das Transkript als Form der Dokumentation von Unterricht hat den Vorteil, dass es in dem Sinne objektiv ist, als es durch ein technisches Medium vermittelt ist: Das Gerät nimmt ohne jeden subjektiven Filter auf, was im Unterricht geschieht, so dass die Erhebung der Daten und deren Interpretation relativ klar voneinander getrennt gehalten werden können (was für das Verfahren der »teilnehmenden Beobachtung« nicht in gleichem Maße gilt).[5] Allerdings muss einschränkend hinzugefügt werden, dass diese Trennung eben insofern nur »relativ klar« ist – und nicht absolut –, als durch den Prozess der Verschriftung bereits eine gewisse subjektive Interpretation stattfindet (und erst recht dann, wenn zusätzliche Anmerkungen gemacht werden), weswegen es wichtig ist, dass die Aufnahme möglichst präzise transkribiert wird.

Die Methode der Interpretation soll darüber hinaus gewährleisten, dass auch die Analyse möglichst objektiv ist – die Anwendung ihrer Regeln soll den Einfluss der Subjektivität des Wissenschaftlers auf den Prozess des Forschens und dessen Ergebnisse möglichst ausschließen. Als Methode ist hier bewusst eine solche gewählt worden, die nicht nur die Ergebnisse des Unterrichts zu fassen vermag (wie es etwa bei der PISA-Studie der Fall ist) bzw. die Ergebnisse zu theoretisch konstruierten Kompetenzniveaus in Bezug setzt, sondern eine Methode, die es erlaubt, möglichst genau zu erschließen, was faktisch im Unterricht geschieht. Und dieses Geschehen ist äußerst komplex, ist auf den ersten Blick nur so, dass man sagen kann: »Das ist eben Unterricht.« Selbst für den geschulten Beobachter (z.B. den Ausbilder, der mit einer Vielzahl von Kriterien an den Unterricht der Referendare heran geht und häufig zu sehr differenzierten und präzisen Beobachtungen gelangt) ist Unterricht nur schwer intellektuell zu verstehen: Was passiert da eigentlich? Warum handeln die Beteiligten so, wie sie eben handeln? Um diese Komplexität zu erschließen, bedarf es einer Methode, die nicht nur ein genaues Eingehen auch auf scheinbar unbedeutende Details – systematisch – verlangt, sondern auch eine Unterscheidung erlaubt zwischen dem, was gesagt wird, und dem, was eine Äußerung auf einer tieferen Ebene bedeutet. Denn das, was im Unterricht gesagt wird, erschließt sich häufig erst dann, wenn berücksichtigt wird, wer es wann, also in welcher

5 Siehe hierzu auch Wernet, Andreas, Hermeneutik – Kasuistik – Fallverstehen. Eine Einführung, Stuttgart 2006.

Situation, unter welcher Bedingung gesagt hat. Die Methode der objektiven Hermeneutik erfüllt nun diese beiden Bedingungen[6]: Zum einen verlangt sie, dass der Text (das Transkript) in seine kleinsten bedeutungstragenden Einheiten, in Sequenzen zerlegt und jede Sequenz präzise interpretiert wird. Zum anderen unterscheidet sie systematisch zwischen dem manifesten und dem latenten Sinn einer Aussage bzw. einer Sequenz. Damit diese Differenz konsequent aufrecht erhalten bleibt, verlangt die Methode, dass bei jeder Sequenz gefragt wird, was faktisch mit ihr gesagt – und nicht, was mit ihr gemeint – wird. Dies ist nicht immer eindeutig, es gibt häufig mehrere Lesarten dessen, was der manifeste Sinn einer Sequenz ist. Auf die latente Bedeutung stößt man dann, wenn die Sequenz kontextualisiert wurde, genauer gesagt, wenn der pragmatische Kontext, den die Sequenz gemäß ihrem manifesten Sinn verlangt, konfrontiert wird mit den pragmatischen Bedingungen, die tatsächlich gegeben sind. Ein einfaches Beispiel ist die Anrede mit »meine Damen und Herren«, deren objektive Bedeutung sich erst erschließt, wenn die möglichen pragmatischen Bedingungen – z. B. die Adressierung eines Publikums bei einem akademischen Vortrag – konfrontiert werden mit den faktisch gegebenen Bedingungen der Begrüßung von Schülern/innen durch einen Lehrer (was tatsächlich nicht selten geschieht).[7]

Neben der Frage danach, ob es möglich ist, eine Unterrichtsstunde komplett zu verstehen, stand am Anfang auch ein theoretisches Interesse, das Interesse daran, zwei unterschiedliche Theorieansätze zu reflektieren, jedoch nicht abstrakt und theoretisch, sondern mit Bezug auf empirisches Material: die aus der Soziologie stammende Professionalisierungstheorie von Ulrich Oevermann[8] und die Theorie des Unterrichtens, die von dem Erziehungswissenschaftler Andreas

6 Siehe hierzu vor allem Oevermann, Ulrich, Objektivität des Protokolls und Subjektivität als Forschungsgegenstand, in: Zeitschrift für qualitative Bildungs-, Beratungs- und Sozialforschung, 5. Jg., Heft 2/2004, S. 311-336, und ders., Die elementare Problematik der Datenlage in der quantifizierenden Bildungs- und Sozialforschung, in: Sozialer Sinn, Heft 3, 2004, S. 413-476.

7 Zu dem Verfahren siehe auch Wernet, Andreas, Einführung in die Interpretationstechnik der objektiven Hermeneutik, Opladen 2000.

8 Siehe hierzu Oevermann, Ulrich, Professionalisierungsbedürftigkeit und Professionalisiertheit pädagogischen Handelns, in: Kraul, Margret, Winfried Marotzki und Cornelia Schweppe (Hg.), Biographie und Profession, Bad Heilbrunn/Obb. 2002, S. 19-63.

Gruschka aktuell entwickelt wird.[9] Auf diese Weise sollte sich auch klären, in welchem Verhältnis diese beiden Theorieansätze zueinander stehen.

Was als Versuch, einen einzelnen »Fall«, eine Unterrichtsstunde umfassend zu verstehen und sich darüber hinaus bezüglich zweier Theorien Klarheit zu verschaffen, begann, entwickelte sich mit der Zeit zu einem schockierenden Einblick in den Schulalltag. Es ist klar, dass die Untersuchung einer einzigen Schulstunde – und sei sie auch noch so gründlich – nicht viel über den Alltag an deutschen Schulen aussagen kann. Sie sagt aber doch mehr aus, als dass sie nur ein punktuelles Geschehen erhellt. Denn es treten bei genauem Hinsehen Strukturen zu Tage, die wohl nicht einmalig sind, sondern Unterricht in vielen Fällen prägen. Es sind – so meine Vermutung – Strukturen einer »Unterrichtskultur«, die insbesondere an deutschen Hauptschulen verbreitet ist, von der aber auch sehr wahrscheinlich der Unterricht an Realschulen und Gymnasien nicht frei ist. So wirft die Studie ein Licht auf Unterricht im Allgemeinen, legt Neues frei und könnte so auch neue Impulse für die Diskussion geben, die schon seit längerem über die Krise des deutschen Bildungssystems – und vor allem der Hauptschule – geführt wird.[10]

9 Siehe Gruschka, Andreas, Auf dem Weg zu einer Theorie des Unterrichtens. Die widersprüchliche Einheit von Erziehung, Didaktik und Bildung in der allgemeinbildenden Schule, Frankfurt am Main 2005.

10 An dieser Stelle möchte ich mich für den Beistand und die Hilfe meiner Frau, Bettina Mayer, sowie bei Andreas Wernet bedanken, der das Manuskript mit mir ausführlich diskutiert und mir wichtige Anregungen gegeben hat. Bedanken möchte ich mich ebenfalls bei den Mitgliedern der Forschungsgruppe am Institut der Pädagogik der Sekundarstufe an der JWG-Universität in Frankfurt am Main unter der Leitung von Andreas Gruschka sowie bei Christel Gärtner für wichtige und hilfreiche Hinweise und Ideen.

Begrüßung und erste erzieherische Maßnahme

Pädagogischer Pessimismus auf der Ebene der Erziehung

Die erste Sequenz der zu analysierenden Unterrichtsstunde lautet:

1 Lw[11]: So, einen wunderschönen guten Morgen![12]

Der Unterricht wird von der Lehrerin begonnen. Ihre erste Äußerung besteht aus zwei Teilen: zum einen aus dem Partikel »so«, zum anderen aus der Begrüßung »einen wunderschönen guten Morgen!« Beide Teile stehen in einem eigentümlichen Spannungsverhältnis zueinander: Das »so« markiert einen Übergang. Es wird immer dann verwendet, wenn einerseits eine Handlung abgeschlossen und andererseits eine andere, neue eingeleitet werden soll.[13] Das »guten Morgen« ist eine Begrüßung, genauer gesagt, eine standardisierte Begrüßungsformel, denn es ist üblich, die Begrüßung, wenn sie am Vormittag stattfindet, auf diese Weise zu vollziehen. Die Formel ist, anders gesprochen, fester Bestandteil eines Begrüßungsrituals. Ein Begrüßungsritual hat immer die Funktion, eine Praxis zu eröffnen. Es stiftet eine soziale Beziehung, stiftet Sozialität und zwar mittels der Reziprozität der Anerkennung, die mit der wechselseitigen Begrüßung zum Ausdruck gebracht wird. Auf der Basis dieser Anerkennung kann sodann kommuniziert werden. Beendet wird die Kommunikation dann wieder durch ein Ritual, durch die Verabschiedung. Begrüßung und Verabschiedung sind also Rituale, mit denen eine gemeinsame Praxis eröffnet und beendet wird.[14] Die Spannung, von der

11 »Lw« steht für: Lehrerin weiblich. Genauso wird ein männlicher Schüler abgekürzt mit »Sm« und eine weibliche Schülerin mit »Sw«.

12 An einigen Stellen habe ich das Transkript so korrigiert, dass es orthographisch korrekt ist.

13 Es gibt viele Situationen, in denen das »so« in dieser Weise verwendet wird. Häufig wird es ergänzt – z. B. mit »das hätten wir« oder »das hätten wir geschafft«, womit die abschließende Funktion besonders hervorgehoben wird. In Formulierungen wie »so, was machen wir jetzt?« wird hingegen die Funktion deutlich, zu etwas Neuem überzuleiten.

14 Siehe dazu z. B. auch Allert, Tillman, Der deutsche Gruß. Geschichte einer unheilvollen Geste, Frankfurt am Main 2005.

oben gesprochen wurde, besteht nun darin, dass mit der Begrüßung unterstellt wird, eine gemeinsame Praxis werde augenblicklich begonnen. Das »So« verweist aber darauf, dass bereits interagiert wurde, eine gemeinsame Praxis also schon vor der Begrüßung bestand. Wie lässt sich diese Spannung erklären, wie lässt sie sich auflösen?

Angesichts dessen, dass eine Begrüßung als Ritual der Eröffnung einer gemeinsamen Praxis eigentlich überflüssig zu sein scheint, wirkt diese merkwürdig artifiziell und die Vermutung liegt nahe, dass die Begrüßung hier eine andere, eine besondere Funktion hat: Sie dient der Markierung des Beginns einer speziellen Praxis, nämlich derjenigen Praxis, die gemeinhin als »Unterricht« bezeichnet wird und die eine eigene Ordnung mit eigenen »Spielregeln« darstellt.

Interpretiert man die durch die Lehrerin vorgenommene Begrüßung auf diese Weise, dann gewinnt die Frage, wie die Klasse auf die Begrüßung reagiert, eine sehr spezifische Bedeutung: An der Reaktion der Klasse lässt sich dann ablesen, ob diese akzeptiert, dass der Unterricht nun beginnt, genauer gesagt, dass jetzt eine andere Ordnung als zuvor gilt, an die bzw. an deren »Spielregeln« sich alle zu halten haben.

Bevor auf die Reaktion der Klasse eingegangen wird, muss allerdings noch geklärt werden, was es heißt, dass die Lehrerin der Klasse einen »wunderschönen« guten Morgen wünscht.[15] Erst einmal lässt sich wohl sagen, dass die Lehrerin mit »wunderschön« der Klasse signalisiert, dass sie unvoreingenommen und hoffnungsvoll den Unterricht beginnt und damit rechnet, dass die Interaktion, der Unterricht zur Zufriedenheit aller Beteiligten verlaufen wird. Dass dieser Wunsch jedoch so deutlich zum Ausdruck gebracht wird, ja, geradezu zur Schau gestellt wird, veranlasst zu der Frage, ob das denn nicht immer so ist. Kann es sein, dass, weil der Unterricht eben nicht immer zur Zufriedenheit aller verläuft, die Lehrerin – fast schon trotzig – ihren Optimismus zum Ausdruck bringt? Dann ließe sich die Aussage, die in der Begrüßung enthalten ist, folgendermaßen ausbuchstabieren: In der Vergangenheit ist der Unterricht ja häufig frustrierend gewesen. Doch ich lasse mich nicht entmutigen,

15 Die Begrüßung ist – sprechakttheoretisch gesehen – keine Feststellung, sondern ein Wunsch. Wäre sie eine Feststellung, so könnte sie entweder auf das subjektive Empfinden des Sprechers oder auf die »objektive« Situation bezogen sein, z. B. auf das Wetter. Dann ließe sie sich relativ einfach überprüfen: Ist das Wetter tatsächlich »wunderschön« oder nicht?

sondern beginne den Unterricht mit euch in der Erwartung, dass er heute doch einmal gelingen könnte.

Auch im Hinblick auf diesen, angesichts der Alltäglichkeit der Situation künstlich wirkenden Optimismus stellt sich die Frage, wie die Schüler/innen wohl auf ihn reagieren. Zugespitzt könnte man die Frage so formulieren: Beteiligen sich die Schüler/innen an dem Spiel einer aufgesetzt wirkenden Heiterkeit oder reagieren sie nüchtern, der alltäglichen Situation angemessen? Die Frage nach der Reaktion der Klasse stößt die Analyse auf einen weiteren Punkt: Eine mit »wunderschön« versehene Begrüßung kann eigentlich nur dann vollzogen werden, wenn zu erwarten ist, dass der Begrüßte bzw. die Begrüßten diese Einschätzung teilen, also zu erwarten ist, dass sie wie der Grüßende die gemeinsame Praxis unter denselben positiven Vorzeichen sehen. Ansonsten wirkt sie deplaziert (und kann tendenziell sogar als zynisch wahrgenommen werden.)

In der gegebenen Situation hängt die Reaktion der Klasse also davon ab, wie sie diese Situation sieht: Sollten die Schüler/innen sich auf den nun beginnenden Unterricht freuen, werden sie der Lehrerin in der gleichen oder in einer ähnlichen Weise antworten. Davon ist aber kaum auszugehen. Wahrscheinlicher ist, dass sie den Besuch des Unterrichts als eine Pflicht begreifen, als eine Notwendigkeit. Auf der Basis dieser Annahme sind drei Reaktionen denkbar: Entweder sie antworten sachlich und schlicht mit »guten Morgen« – wie es das Ritual verlangt, jedoch klar markierend, dass sie die Euphorie der Lehrerin nicht teilen. Oder sie erwidern das »wunderschön«, spiegeln das Verhalten der Lehrerin ironisch und machen ihr auf diese Weise deutlich, wie unpassend ihr Auftreten ist. Oder sie richten an die Lehrerin die Frage, was denn »wunderschön« an diesem Morgen sei. Damit würde aber nicht nur zum Ausdruck gebracht, dass die Tatsache in der Schule zu sein für sie nicht »wunderschön« ist, sondern auch implizit der Eindruck erweckt sich der Ordnung des Unterrichts widersetzen zu wollen.

> 2 S (alle): Guten Morgen

Die Klasse antwortet auf die Begrüßung durch die Lehrerin ebenfalls mit einem »guten Morgen«. Besonders hervorgehoben ist im Transkript, dass tatsächlich alle Schüler/innen – gleichsam »im Chor« – der Lehrerin antworten. Gemäß der obigen Interpretation können nun eine Reihe von Schlüssen gezogen werden: Es gibt keinen Schüler/

keine Schülerin in der Klasse, der oder die die Lehrerin provozieren möchte. Ja, es lässt sich noch nicht einmal die Absicht erkennen, die Lehrerin bezüglich der Definition der Situation, die sie vorgenommen hat, zu korrigieren. Vielmehr verhalten sich alle gemäß dem Ritual – natürlich auch, weil sie schon seit langem an dieses gewöhnt sind –, beschränken sich jedoch auf seine minimale und sachlich korrekte Erfüllung. Damit machen sie geschlossen deutlich, dass sie zwar die Begeisterung der Lehrerin nicht teilen, aber (dennoch) dazu bereit sind, sich der Ordnung des Unterrichts zu unterwerfen, ihre Spielregeln zu akzeptieren und mit der Lehrerin zu kooperieren.

Nachdem das Ritual der Begrüßung vollzogen wurde, kann nun mit der eigentlichen Unterrichtsinteraktion begonnen werden. Dem normalen Ablaufschema zufolge erklärt der Lehrer bzw. die Lehrerin im Anschluss an die Begrüßung das Thema der Stunde und legt dar, worum es im Folgenden gehen soll. Ist das auch hier der Fall?

3 Lw: SmD,

War die Begrüßung an die gesamte Klasse gerichtet, greift sich die Lehrerin jetzt einen einzelnen Schüler heraus und wendet sich nur an ihn. Was kann der Grund dafür sein? Hat SmD sich gemeldet und möchte unbedingt etwas sagen? Ausgeschlossen ist, dass er einen Beitrag zum Thema des Unterrichts leisten möchte, da die Lehrerin dieses ja noch nicht genannt hat. Allenfalls könnte es eine Bemerkung zu der Unterrichtseinheit sein, in deren Kontext die jetzige Stunde steht. Dass die Lehrerin SmD beim Namen ruft, weil dieser stört, ist eher unwahrscheinlich, haben doch gerade alle Schüler/innen zum Ausdruck gebracht, dass sie die Ordnung des Unterrichts akzeptieren.

3 Lw: ich wills nicht hundertmal sagen.

Diese Äußerung überrascht angesichts dessen, dass alle Schüler/innen – also auch SmD – soeben umstandslos mit der Lehrerin den Unterricht begonnen haben. Wird dessen Ordnung durch SmD in irgendeiner Weise in Frage gestellt bzw. gefährdet?

Doch zunächst einmal: Wie ist diese Äußerung der Lehrerin genau zu verstehen? Das lässt sich klären, indem unterschiedliche Situationen vorgestellt werden, in denen sie getroffen werden könnte. Zum Beispiel könnte ein Vorgesetzter in einem Betrieb zu einem seiner Mitarbeiter sagen: »Ich will es (Ihnen) nicht hundertmal sagen!«

»Hundertmal« setzt voraus, dass die Äußerung in der Vergangenheit schon mindestens einmal getroffen wurde. Die einmalige Mitteilung hat aber nicht den gewünschten Effekt, die perlokutive Wirkung gehabt, die der Sprecher erwartete. Deswegen sieht er sich dazu veranlasst, seine Äußerung zu wiederholen. Ob bzw. wie oft er dies in der Vergangenheit bereits getan hat, spielt keine Rolle – entscheidend ist, dass er mit dem »nicht hundertmal« signalisiert, dass er nicht dazu bereit ist, es in Zukunft noch einmal zu tun. Er macht deutlich, dass die Reaktion, die er erwartet, endlich eintreten muss und er nicht länger auf sie warten will.

Was könnte der Grund dafür sein, dass die Reaktion nicht schon früher erfolgt ist? Es könnten – rein theoretisch – akustische Gründe sein: Der Adressat hat einfach nicht gehört, was gesagt wurde. Denkbar wäre auch eine intellektuelle Insuffizienz des Adressaten, der einfach nicht begreift, was sein Vorgesetzter von ihm will, oder auch eine praktische Unfähigkeit dazu, gemäß der an ihn gerichteten Erwartung zu handeln. Nicht zuletzt ist es möglich, dass eine Weigerung vorliegt der Erwartung zu entsprechen.

Wird die Äußerung, wie eben gedankenexperimentell angenommen, von einem Vorgesetzten gegenüber einem seiner Mitarbeiter getan, so hat sie tendenziell etwas Peinliches, da der erste der in Erwägung gezogenen Gründe für das Ausbleiben der erwarteten Reaktion eher ausscheidet. (Hätte der Mitarbeiter die Äußerung akustisch nicht vernommen, so hätte er um deren Wiederholung bitten können, ja, müssen.) Peinlich ist sie deswegen, weil der Mitarbeiter durch sie unter den Verdacht gerät entweder begriffsstutzig oder praktisch unfähig zu sein. Er wird sich folglich auch beeilen diesen Verdacht möglichst schnell zu widerlegen oder zu zerstreuen, indem er der Erwartung rasch folgt. Das wäre nur dann nicht der Fall, wenn er tatsächlich nicht dazu bereit ist, der Erwartung Folge zu leisten, sich also verweigert. Dann läge ein Konflikt vor, der letztlich eskalieren könnte.

Freilich ist die Äußerung auch in Erziehungssituationen denkbar: Die erziehende Person hat eine konkrete Verhaltenserwartung, hat diese in der Vergangenheit bereits geäußert und macht nun deutlich, dass sie nicht länger toleriert, dass der »Zögling« ihr nicht entspricht. Statt die Erwartung nun einfach noch einmal zu wiederholen, reagiert die erziehende Person gereizt, genervt, erhöht den Druck, indem sie eben den »Zögling« dem Verdacht aussetzt, er sei intellektuell oder praktisch unfähig. Es könnte aber auch hier möglich sein, dass der »Zögling« sich dezidiert verweigert. Und wenn er so wie hier angesprochen wird, dann muss er reagieren, denn es geht ums Ganze: Er könnte entweder seine Unfähigkeit eingestehen – was einem Gesichtsverlust gleichkäme und äußerst peinlich wäre – oder er könnte zu seiner Verweigerung stehen. Das würde aber voraussetzen, dass er bereit ist den Konflikt auszutragen.

Genau eine solche Situation schafft die Lehrerin hier. Sie stellt den Schüler SmD vor die Alternative: Entweder du tust, was ich von dir erwarte (und gibst implizit zu bisher begriffsstutzig oder im praktischen Sinne unfähig gewesen zu sein), oder »es knallt«, der Konflikt zwischen uns wird offen ausgetragen – und es wird sich dann zeigen, wer die Macht hat und sich letztlich durchsetzen wird.

Das äußerst konfrontative Verhalten der Lehrerin überrascht aus zwei Gründen: Zum einen war sie zuvor noch der Ansicht gewesen, der Morgen sei »wunderschön«. Dies scheint sich von einem auf den anderen Moment geändert zu haben. Zum anderen hatte, wie schon gesagt, die Reaktion auf die Begrüßung durch die Lehrerin gezeigt, dass eigentlich alle Schüler/innen zur Akzeptanz des Unterrichts und seiner Ordnung bereit sind. Dennoch scheint aus der Sicht der Lehrerin etwas Gravierendes geschehen zu sein bzw. sich anzubahnen. Nur eine tatsächliche oder antizipierte Verletzung der Spielregeln des Unterrichts kann erklären, dass die Lehrerin so drastisch reagiert.

Die Äußerung der Lehrerin, dies ist schließlich noch zu ergänzen, ist letztlich auch an alle Anwesenden gerichtet. (Dies wird sprachlich sehr deutlich: Die Lehrerin sagt nicht »ich wills *dir* nicht hundertmal sagen«, sondern lässt das Personalpronomen weg.) Das heißt, auf der einen Seite hat die Lehrerin zwar einen einzelnen Schüler angesprochen, SmD, auf der anderen Seite gilt aber dasjenige, was sie diesem sagt, für alle. Er wird beispielhaft adressiert, oder anders gesprochen: An ihm wird »ein Exempel statuiert.« An ihm demonstriert die Lehrerin ihre Macht und die Bereitschaft sich gegenüber der Klasse durchzusetzen.

Was hat nun den Anlass für diese schroffe Reaktion der Lehrerin gegeben?

3 Lw: Dreh dich um und
4 schau zu mir.

Der Schüler SmD hat offensichtlich der Lehrerin den Rücken zugewendet, war wahrscheinlich mit anderen Dingen beschäftigt. Die Lehrerin aber hält es für absolut notwendig, dass die Aufmerksamkeit aller Schüler ausschließlich auf sie gerichtet ist. Warum? Warum soll SmD seinen Blick auf die Lehrerin richten? Will sie zu Beginn des Unterrichts etwas zeigen, das eben SmD – wie alle anderen Schüler/innen auch – sehen soll, damit er weiß, worüber gesprochen wird und sich am Unterrichtsgespräch beteiligen kann? Das ist nicht ausgeschlossen, dann hätte die Lehrerin SmD aber anders ansprechen können, weniger barsch und nicht in einem geradezu militärisch anmutenden Befehlston. Die Art, wie sie SmD adressiert, lässt vielmehr vermuten, dass die Lehrerin glaubt, dass, wenn die Schüler/innen sie ansehen, es nicht zu Störungen des Unterrichts kommt. Und SmD hatte – davon scheint sie auszugehen – gerade vor mit einem Mitschüler zu sprechen. Dass er dies tatsächlich getan hat, wird jedoch im Transkript nicht erwähnt. Wie sich oben bereits angedeutet hat, hat die Reaktion der Lehrerin eine Vorgeschichte: Der Schüler SmD ist ihr in der Vergangenheit bereits negativ aufgefallen, hat mindestens einmal schon gestört. Nun reagiert sie jedoch nicht auf eine faktische Unterrichtsstörung des Schülers, vielmehr reagiert sie, weil sie eine mögliche Unterrichtsstörung antizipiert. Und um eben eine erneute Störung von Anfang an zu unterbinden macht sie von Anfang an deutlich, dass sie (weitere) Störungen nicht zu tolerieren bereit ist.

Entgegen der Annahme, die Lehrerin habe SmD angesprochen, weil etwas Gravierendes geschehen ist, zeigt sich, dass es nur um eine Lappalie geht: SmD schaut die Lehrerin nicht an, sondern hat seinen Körper – und damit auch seinen Blick – in eine andere Richtung gerichtet. Die Differenz zwischen der Unbedeutsamkeit des Anlasses und der Schärfe der Intervention spricht dafür, dass die Lehrerin – womöglich aufgrund von Erfahrungen, die sie in der Vergangenheit gemacht hat – Schlimmes antizipiert. Unmittelbar nachdem sie die Praxis des Unterrichts eröffnet hat und die Schüler/innen ihre Anerkennung der Ordnung zum Ausdruck gebracht haben, reagiert sie aufgrund eines geringfügigen Anlasses so, als ob diese Ordnung durch ihn vollkommen zerstört werden könnte. Offensichtlich besteht die Befürchtung, dass durch diese Kleinigkeit ein Prozess in Gang gesetzt werden könnte, der sich nicht mehr aufhalten lässt und über den die Lehrerin schließlich die Kontrolle verlieren könnte.

Deswegen zieht sie sofort die »Notbremse«. Das Vertrauen, dass die Ordnung des Unterrichts trägt, dass sie so stabil ist, dass sie durch kleine Abweichungen von der Norm nicht sofort ins Wanken gerät und zusammenbricht, ist offensichtlich nicht vorhanden.

> 4 Sonst setz ich dich wieder hier her (zeigt
> 5 auf leeren Stuhl)

Ganz konsequent wird die Aufforderung an den Schüler SmD sofort mit der Androhung einer Sanktion verbunden: Wenn er nicht gehorcht, wird er bestraft. Die Strafe ist angesichts der Ängste, die bei der Lehrerin offensichtlich bestehen, sehr milde – hier hätte man mehr erwarten können. Doch gemessen an dem »Vergehen« ist sie angemessen: Auf die Abwendung von der Lehrperson mit härteren Strafen zu drohen, würde zwar die Interpretationshypothese bestätigen, dass die Lehrerin kein Vertrauen in die Tragfähigkeit der Ordnung des Unterrichts besitzt, wäre aber in der gegebenen Situation übertrieben.[16] Dies zeigt, dass die Lehrerin »sich im Griff hat«. Sie weiß, wie man in welcher Situation angemessen zu reagieren hat und lässt sich durch ihre psychische Befindlichkeit nicht ohne Weiteres davon abbringen. Sie handelt, anders gesprochen, professionell und lässt sich nicht von ihren Gefühlen mitreißen.

Obwohl die angedrohte Strafe angemessen in ihrem Verhältnis zu dem »Vergehen« des Schülers zu sein scheint, ist die Form, in der sie zum Ausdruck gebracht wird, äußerst »scharf« und deutlich: Die Lehrerin spielt ihre Macht aus, sie verweist darauf, dass sie »der Herr im Haus« ist und z. B. darüber verfügen kann, an welchem Ort im Raum die Körper der Schüler/innen sich zu befinden haben. Diese Macht über die Körper hat sie in der Vergangenheit bereits unter Beweis gestellt, der Schüler musste sich ihr mindestens einmal bereits fügen. Und die Lehrerin signalisiert ihm in aller Deutlichkeit, dass sie gewillt ist diese Macht erneut zu nutzen.

Wie kann SmD reagieren? Entweder er folgt der Aufforderung der Lehrerin, dreht sich um und schaut sie an. Das würde bedeuten, dass

16 Hätte die Lehrerin etwa SmD aufgefordert den Raum zu verlassen, stünde die Strafe nicht im Verhältnis zu dem »Vergehen«. Bezogen auf die von der Lehrerin antizipierte Unterrichtsstörung durch Gespräche mit dem Nachbarn kann die angedrohte Bestrafung insofern als »angemessen« bezeichnet werden, als sie dem Schüler die Möglichkeit der Teilnahme am Unterricht lässt, jedoch mit der Trennung vom Nachbarn auf die Unterbindung von Gesprächen mit diesem zielt.

er die Autorität der Lehrerin sowie deren (lehrerzentrierte) Vorstellung von der Ordnung des Unterrichts akzeptiert. Oder er hört nicht auf sie und verweilt in der Haltung, in der er sich befindet. Das hieße, dass er die Lehrerin nicht (mehr) anerkennt als eine Person, die ihm etwas zu sagen hat und deren Anweisungen er im Unterricht bzw. in der Schule folgen muss. Er würde zeigen, dass die Lehrerin für ihn keine Autorität mehr darstellt.

Denkbar – und nicht unwahrscheinlich – ist noch eine dritte Möglichkeit: Der Schüler dreht sich um, fügt sich der Autorität der Lehrerin, erklärt aber, warum er nicht von Anfang an auf die Lehrerin geschaut hat. Er würde so versuchen »sein Gesicht zu wahren« (vor allem vor der Klasse): Nicht weil er »unbelehrbar« ist, befand er sich in einer von der Lehrerin abgewandten Haltung, sondern weil er bestimmte Gründe dafür hatte. Er würde damit zum Ausdruck bringen, dass zwar grundsätzlich die Lehrerin Recht hat, wenn sie verlangt, dass alle zu ihr schauen, bzw. sie die Macht dazu hat, es von allen zu fordern, und er sich nicht gegen diese Macht auflehnen möchte, würde aber den Anspruch geltend machen, dass es – in dem eingeschränkten Rahmen – auch noch andere Ansprüche gibt und er als Schüler auch ein Recht hat, das Recht nach eigenen Gründen zu handeln.

Wie reagiert SmD tatsächlich?

6 SmD: (nickt zustimmend)

Das ist erstaunlich: SmD ist nicht nur bereit, der Aufforderung der Lehrerin zu folgen, sondern versucht noch nicht einmal sich und seine Eigenständigkeit irgendwie zu behaupten. Er folgt der Lehrerin ohne jeden Widerstand. Warum das so ist, ist letztlich unerheblich: ob er aus Einsicht handelt, aus Resignation bzw. aus der Auffassung heraus, dass er sich gegen die Lehrerin nicht durchsetzen kann. Entscheidend ist: Er gehorcht der Lehrerin.

Es lässt sich festhalten: Auch der Schüler SmD akzeptiert die Ordnung des Unterrichts. Und er zeigt nicht die leiseste Bereitschaft sich der Autorität der Lehrerin zu widersetzen. Ja, er wagt es nicht einmal, dafür einzutreten, dass die Vorstellung der Lehrerin von einer rigiden Ordnung des Unterrichts durch eine solche ersetzt wird, in der seine Ansprüche (und die seiner Mitschüler/innen) auch zur Geltung kommen können – und das, obwohl gerade er ein »schwieriger Schüler« zu sein scheint, denn die Lehrerin ermahnt ihn nicht zum ersten Mal. Die Analyse kann an dieser Stelle kurz unterbrochen werden, denn es ist bereits jetzt möglich, eine Strukturhypothese in Bezug auf die gesamte Unterrichtsstunde zu formulieren. Dafür möchte ich auf eine Kategorie zurückgreifen, die aus der Soziologie stammt und in der Professionalisierungstheorie, wie sie von Oevermann gefasst wurde, eine wichtige Rolle spielt: die Kategorie des Arbeitsbündnisses.[17] Denn mit dieser Kategorie ist es möglich, die grundlegenden Faktoren, die den Verlauf des Unterrichts zwar nicht determinieren, wohl aber wesentlich beeinflussen, systematisch zu erfassen. Die Kategorie des Arbeitsbündnisses steht für die Basis, auf der der Unterricht stattfindet. Die Analyse hat die wesentlichen Faktoren bereits erkennen lassen: Im Hinblick auf die Lehrerin hat sich gezeigt, dass sie einerseits die Bedingungen professionellen Handelns kennt und sich nach ihnen richtet.[18] Andererseits aber ist deutlich geworden, dass sie kein Vertrauen in die Anerkennung der Unterrichtsordnung durch die Schüler/innen hat. Darin liegt die Ursache für den »pädagogischen Pessimismus« der Lehrerin.

Dieses mangelnde Vertrauen ist deswegen erstaunlich, weil die Lehrerin doch eigentlich davon ausgehen könnte, dass die Schüler/innen, die sie vor sich hat, freiwillig an ihrem Unterricht teilnehmen. Nach der Beendigung des 9. Schuljahres besteht keine allgemeine Schulpflicht mehr, die Schüler/innen müssten also keineswegs »die Schulbank drücken«. Wenn sie dies trotzdem tun, dann geschieht es – mehr oder weniger – freiwillig, d. h. entweder weil sie hoffen doch noch einen Abschluss machen zu können, bzw. dass sich ihre Chancen auf dem Arbeitsmarkt verbessern, oder einfach um Zeit zu überbrücken. Wie dem auch sei: Die Lehrerin müsste eben von der Freiwilligkeit der Schüler/innen ausgehen können – und also auch davon, dass sie die Bedingungen, unter denen normalerweise Unterricht stattfindet, akzeptieren. Doch ist dies offensichtlich nicht der Fall.

17 Oevermann, Ulrich, Professionalisierungsbedürftigkeit und Professionalisiertheit pädagogischen Handelns, in: Kraul, Margret, Winfried Marotzki und Cornelia Schweppe (Hg.), Biographie und Profession, Bad Heilbrunn/Obb. 2002, S. 19-63.

18 Von »Professionalität« spreche ich an dieser Stelle allerdings nicht im Sinne der Professionalisierungstheorie von Oevermann, sondern im alltagssprachlichen Sinn, genauer gesagt, mit Bezug auf Regeln und Standards, deren Berücksichtigung ein rollenkonformes Handeln der Berufsträger bedingen.

Was die Schüler betrifft, so kann die Hypothese formuliert werden, dass sie grundsätzlich zur Kooperation bereit sind, sich der Ordnung des Unterrichts fügen und die Autorität der Lehrerin anerkennen. Der Grund dafür ist allerdings fraglich: Verhalten sie sich so, weil sie sich dessen bewusst sind, freiwillig am Unterricht teilzunehmen, weil sie wissen, dass damit womöglich eine Chance für sie verbunden ist, die Chance doch noch einen Abschluss zu machen, ihre Aussichten für die Zukunft zu verbessern? Oder sind es die Folgen eines jahrelangen Sozialisationsprozesses und der Gewöhnung an Verhältnisse, die auch dann noch fortwirken, wenn diese Verhältnisse sich grundlegend gewandelt haben?

Die Ebene des Arbeitsbündnisses ist meines Erachtens elementar. Sie ist aber freilich nicht die einzige Ebene, die bei der Analyse von Unterricht zu berücksichtigen ist. Laut Gruschka sind im Unterricht stets drei Ebenen von Bedeutung: die Ebene der Erziehung, die der Bildung und diejenige der Didaktik.[19] Auf der Ebene der Erziehung geht es darum, dass den Schülern/innen bestimmte Normen und Werte vermittelt werden. Diese Normen können sich sowohl auf das Verhalten der Schüler/innen innerhalb der Schule als auch auf dasjenige außerhalb beziehen. Die Ebene der Didaktik ist insofern immer gegeben, als es im Unterricht stets um eine »Sache«, um einen Gegenstand geht, der vermittelt werden soll.[20] Schließlich spielt in jedem Unterricht auch die Ebene der Bildung eine Rolle, insofern der

19 Gruschka, Andreas, Auf dem Weg zu einer Theorie des Unterrichtens. Die widersprüchliche Einheit von Erziehung, Didaktik und Bildung in der allgemeinbildenden Schule, Frankfurt am Main 2005, S. 33 ff.

20 Der Gegenstand ist jedoch – das ist Gruschka wichtig – in den meisten Fällen nicht identisch mit dem Objekt in der außerschulischen, realen Welt. Der Gegenstand, der im Unterricht behandelt wird, ist immer ein schulischer Gegenstand, ein »Unterrichtsgegenstand« und zwar weil er »didaktisch präpariert« wurde. Das heißt, die Lehrperson hat ein bestimmtes Ziel, wählt daraufhin ein bestimmtes Objekt der Welt aus und präpariert es so, dass das angestrebte Ziel mit dem zum Unterrichtsgegenstand gemachten Objekt erreicht werden kann. Im Rahmen der Analyse von Unterrichtstranskripten lassen sich sodann an dem Unterrichtsgegenstand bzw. an dem Material, das die Lehrperson verwendet, die Spuren der Didaktisierung ablesen. Ja, letztlich lassen sich mit Bezug auf das gesamte didaktische Setting, also auch auf die Arbeitsaufträge etc., die implizite didaktische Theorie sowie die didaktischen Ziele rekonstruieren. Siehe hierzu Gruschka, Andreas, Didaktik. Das Kreuz mit der Vermittlung. Elf Einsprüche gegen den didaktischen Betrieb, Wetzlar 2002.

Unterricht dazu führen kann, dass es zu Veränderungen im Hinblick auf die Persönlichkeit der Schüler/innen kommt.

Wie hängen die verschiedenen Ebenen des Unterrichts miteinander zusammen? Meine These lautet, dass – wie bereits oben ausgeführt wurde – die Ebene des Arbeitsbündnisses elementar ist. Und zwar ist sie elementar in dem Sinne, dass die Faktoren, die auf dieser Ebene angesiedelt sind, »durchschlagen« auf die anderen Ebenen des Unterrichts. Im Hinblick auf die Ebene der Erziehung hat sich dies bereits gezeigt: Das Misstrauen der Lehrerin fand seinen Ausdruck in einer erzieherischen Maßnahme, die unter Androhung der Ausnutzung der Macht der Lehrerin die Schüler/innen zu bestrafen die Unterwerfung unter die Normen des Unterrichts verlangte. Das nicht vorhandene Vertrauen konkretisiert sich auf der Ebene der Erziehung als Misstrauen gegenüber der Konformität der Schüler/innen. Sie werden als potenzielle Störer gesehen, die sich nur an die Spielregeln halten, wenn ihnen von Anfang an klar gemacht wird, »wo der Hammer hängt«. Nur wenn die Lehrerin »ihre Muskeln spielen lässt«, also ihre Macht demonstriert, halten sie sich an diese Regeln.

Die These, dass das Arbeitsbündnis elementar ist, impliziert nun, dass dessen Faktoren sich auch auf die anderen Ebenen auswirken, sowohl auf die Ebene der Didaktik als auch auf die Ebene der Bildung. Im Hinblick auf die Ebene der Didaktik würde das heißen, dass das didaktische Vorgehen der Lehrerin – die Auswahl des Themas, die Präparierung des Gegenstandes, die Art der Arbeitsaufträge etc. – durch das nicht vorhandene Vertrauen in die Fähigkeiten der Schüler/innen gekennzeichnet ist. Einfacher gesprochen: Für die Lehrerin sind die Schüler/innen dumm, also kaum dazu in der Lage, etwas zu lernen. Alles muss so sehr didaktisiert – im Sinne von »vereinfacht« – werden, dass die Schüler/innen nicht »überfordert« werden.

Wie könnte sich das Misstrauen auf der Ebene der Bildung zeigen? Es könnte darin zum Ausdruck kommen, dass die Lehrerin die Möglichkeit, dass es zu Bildungsprozessen im Unterricht kommt, erst gar nicht in Erwägung zieht, da an Bildung – im anspruchsvollen Sinne – bei diesen Schülern/innen nicht zu denken sei.

Im Folgenden wird es also nicht nur darum gehen, die Fallstrukturhypothese, die mit Hilfe der Kategorie des Arbeitsbündnisses formuliert wurde, zu prüfen, d. h. im Verlauf der weiteren Interpretation des Transkripts zu schauen, ob sich diese These bestätigt oder sie falsifiziert wird bzw. ob sie modifiziert werden muss. Sondern es wird auch zu prüfen sein, ob die verschiedenen Ebenen des Unterrichts in der Weise zusammenhängen, wie es eben behauptet wurde. Der Falsifikator ist klar: Sollte sich zeigen, dass die Lehrerin – entgegen der oben formulierten Annahme – ein »normales« Vertrauen in die Lernfähigkeit der Schüler/innen hat, ihnen dasjenige zutraut, was man von Schülern/innen der Jahrgangsstufe 10 erwarten kann, dann ist die obige These widerlegt.

Das Thema wird genannt

Pädagogischer Pessimismus in Bezug auf das Wissen der Schüler/innen

Wie geht nun der Unterricht weiter?

7 Lw: So

Wieder beginnt die Lehrerin ihre Ausführungen mit einem »so«. Wie oben bereits erklärt wurde, hat das »so« eine überleitende Funktion: Das Vorherige wird abgeschlossen – in diesem Fall die Interaktion mit dem Schüler SmD – und etwas Neues soll begonnen werden. Zu erwarten ist, dass nun mit dem eigentlichen Unterricht angefangen wird.

7 Thema (.)

Offensichtlich will die Lehrerin jetzt ansprechen, was das Thema der Stunde sein soll. In der oben eingeführten Begrifflichkeit lässt sich dies folgendermaßen reformulieren: Die Lehrerin wechselt von der Ebene der Erziehung zu derjenigen der Didaktik.

Überraschend ist allerdings, wie sie dies tut: Sie wirft ein abstraktes Stichwort in die Runde: »Thema«. Sie kommuniziert in äußerst reduzierter Form, verwendet gewissermaßen ein Signalwort und setzt dabei voraus, dass sie Schüler/innen wissen, was mit diesem gemeint ist, und deswegen auch dazu in der Lage sind, auf diesen (minimalen) Impuls richtig zu reagieren. Ein solches Vorgehen ist nur möglich, wenn Prozesse soweit routinisiert und standardisiert sind, dass die Reduktion nicht zu Mehrdeutigkeiten und Missverständnissen führt. Wenn etwa in einem Lebenslauf immer dieselben Aspekte vorkommen, dann kann man den Lebenslauf standardisieren und zu einem tabellarischen machen, in dem die immer gleichen Punkte – Name, Geburtsdatum, Geburtsort etc. – »abgehakt« werden. Zu Missverständnissen kann es dann nicht kommen, da diese Art der Standardisierung als allgemein bekannt vorausgesetzt werden kann.

Die Lehrerin kennt freilich die Routinen und Standards des Unterrichtens. Und sie hält diese dermaßen für selbstverständlich, dass sie glaubt, es sei auch für die Schüler alles klar und sie könne sich auf die Verwendung von Stichwörtern beschränken. Sie verhält sich, wie oben bereits festgestellt wurde, professionell, allerdings ist ihre Professionalität eine reduzierte: Sie »wickelt« den Unterricht routinisiert »ab«. Natürlich kann sie voraussetzen, dass auch die Schüler/innen die Routinen des Unterrichts kennen. Doch ist es fraglich, ob ein Unterricht, der nur auf Routinen basiert, ohne dass Berücksichtigung findet, dass es bei den Beteiligten um konkrete Personen geht, die – womöglich auch als »ganze Personen« – angesprochen und ernst genommen werden wollen, erfolgreich sein kann.[21]

7 unser Thema ist:

Die Lehrerin hebt ein zweites Mal an und formuliert nun doch einen ganzen Satz. Das aber widerlegt die zuvor geäußerte Vermutung keineswegs, vielmehr bestätigt sich diese: Die Äußerung der Lehrerin zeigt allein, dass sie sich von einem standardisierten Ablaufschema distanziert. Sie spricht nun die Klasse unmittelbar an und zwar als eine Lern- bzw. Arbeitsgemeinschaft, zu der auch sie, die Lehrerin, sich rechnet. Mit der Verwendung des Possesivpronomens der ersten Person Plural gibt sie ein Stück weit die Distanz zu der Klasse auf und stellt sich auf eine Ebene mit den Schülern/innen. Während sie zuvor, als es um die Einrichtung des Arbeitsbündnisses und eine erzieherische Maßnahme ging, in aller Schärfe die Differenz zwischen sich und den Schülern/innen markierte, sich als Macht in Szene setzte, die mit aller Strenge über die konsequente Beachtung der Ordnung des Unterrichts wacht, begibt sie sich nun, mit dem Übergang zum

21 Über die Frage, ob die Interaktion zwischen Lehrer und Schüler im Unterricht ausschließlich in den Bahnen rollenförmigen Handelns stattfinden kann, führte der Verfasser unlängst eine Kontroverse mit Andreas Wernet. Wernet hob die Gefahren hervor, die daraus resultieren können, dass Lehrer die Grenzen, die ihnen ihre Rolle setzt, überschreiten, während der Verfasser darauf verwies, dass es in bestimmten Situationen notwendig sein kann, dass der Lehrer einen Schüler als »ganze Person« anerkennt. Und das muss keineswegs heißen, dass der Lehrer in die Rolle eines Therapeuten wechselt bzw. in solchen Situationen mit dem Schüler – wie es für diffuse Sozialbeziehungen charakteristisch ist – auch über »Privates« spricht. Siehe Wernet, Andreas, Pädagogische Professionalität »außer Dienst«. Eine Replik auf Twardella, in: Pädagogische Korrespondenz. Zeitschrift für kritische Zeitdiagnostik in Pädagogik und Gesellschaft, Heft 33, 2004/2005, S. 75-86, und Twardella, Johannes, Rollenförmig oder als »ganze Person«? Ein Beitrag zur Diskussion über die Professionalisierungstheorie und die Struktur pädagogischen Handelns, in: ebd., S. 65-74.

eigentlichen Unterricht, der Arbeit an einer »Sache«, einem »Thema« auf eine Ebene mit den Schülern/innen. Einerseits könnte man ihr also vorwerfen, dass sie über die Hierarchie hinwegtäuscht, die faktisch weiter besteht, andererseits ließe sich aber dieser Kritik entgegenhalten, dass die Gleichstellung dem Lernen förderlich sein könnte, dass das Arbeitsbündnis modifiziert wird, damit die Kooperation, die gemeinsame Arbeit an einer Sache erleichtert wird. Zeigt sich nicht gerade darin die Professionalität der Lehrerin, dass sie jetzt nicht nur nach einem standardisierten Muster, sondern mit Bezug auf die im Hier und Jetzt Anwesenden handelt?

SwA

Statt das Thema zu nennen, wie es angesichts des Doppelpunktes zu erwarten gewesen wäre, ruft die Lehrerin eine Schülerin auf. SwA soll das Thema nennen. Klar ist, dass die Lehrerin nur nach dem Thema der Unterrichtsreihe fragen kann – das konkrete Stundenthema kann die Schülerin ja noch nicht wissen. Hatte SwA sich gemeldet? Die Lehrerin hatte aber gar keine Frage an die Klasse gerichtet, mit der die Erwartung, dass die Schüler/innen sich melden um sie zu beantworten, verbunden ist. Es könnte allenfalls sein, dass die Schülerin SwA von sich aus die Äußerung der Lehrerin als Frage bzw. Aufforderung interpretiert und übereifrig, blitzschnell auf die erste Möglichkeit reagiert hat, die sich für eine Beteiligung am Unterricht bietet. Hat SwA sich allerdings nicht gemeldet, dann kommt die Nennung ihres Namens für die Schülerin unerwartet, wird sie von ihr überrascht. Und das könnte von der Lehrerin durchaus intendiert sein: Sie macht SwA deutlich, dass sie von ihr jederzeit drangenommen werden kann. Dem damit eventuell verbundenen Überraschtwerden kann SwA nur entgehen, wenn sie permanent damit rechnet, aufgerufen zu werden.[22] Letztlich ist auch dies an alle Schüler/innen der Klasse gerichtet: Alle müssen damit rechnen, dass es ihnen wie SwA ergehen kann, dass sie unerwartet von der Lehrerin aufgerufen werden. Und wollen sie sich nicht dadurch blamieren, dass sie dann keine Antwort zu geben in der Lage sind, müssen sie durchgängig den Unterrichtsverlauf aufmerksam verfolgen. Die Unberechenbar-

22 Diese Interpretation wäre allerdings dann irrig, wenn SwA die Lehrerin zuvor so aufmerksam angeblickt hat, dass diese den Eindruck gewann, SwA könnte das Thema wissen. Dann hätte die Lehrerin allerdings eher fragend den Namen der Schülerin genannt.

keit der Lehrerin, die aufgrund ihrer Macht willkürlich jeden drannehmen kann, übt einen subtilen aber dauerhaften Druck auf die Schüler/innen aus. Über ihnen hängt gewissermaßen ein Damoklesschwert, das sie jederzeit treffen kann.

Diese Interpretation entspricht der These, die oben bereits aufgestellt wurde: Die Lehrerin geht davon aus, dass die Schüler/innen nur dann den Unterricht aufmerksam verfolgen, wenn permanent Druck ausgeübt wird.

8 SwA: Ähm, ähm, Gedichte

SwA zögert ihre Antwort mit einigen »Ähs« heraus und nennt dann das Reihenthema: »Gedichte«. Dass sie kurz nachdenken muss, spricht dafür, dass sie überrascht wurde. Sie hatte sich nicht gemeldet und ist dennoch von der Lehrerin aufgerufen worden.

Dass Gedichte Gegenstand des Deutschunterrichts sind, ist freilich nichts Außergewöhnliches. Auf die verschiedenen Begründungen für dieses Thema soll und muss hier nicht im Einzelnen eingegangen werden. Erwähnt sei nur, dass lyrische Texte – im Vergleich zu epischen und dramatischen – bei den Schülern/innen zwar meist wenig beliebt, doch insofern für den Unterricht besonders geeignet sind, als sie in der Regel kurz, d. h. von der Textlänge her überschaubar, und äußerst verdichtet sind. Aufgrund dieser Verdichtung sind sie gegebenenfalls schwer zu verstehen, stellen eine große Herausforderung im Hinblick auf ihre Interpretation dar und verlangen eine intensive Beschäftigung mit ihnen. Gerade das aber kann für den Deutschunterricht sehr positiv sein: Gedichte ermöglichen es in gesteigerter Weise, die Notwendigkeit von Interpretationen deutlich zu machen und regen, wenn es gute Gedichte sind, zu vielen Deutungen an. Bezogen auf die Ebene der Didaktik heißt das, dass Gedichte auf der einen Seite kaum einer »didaktischen Reduktion« in dem Sinne bedürfen, dass sie auf ein im Unterricht handhabbares »Format« gekürzt werden müssen.[23] Auf der anderen Seite stellen sie insofern eine besondere didaktische Herausforderung für die Lehrperson dar, als sie sich den Schüler/innen häufig nicht unmittelbar erschließen und die Lehrperson dann geeignete Hilfestellungen (in Form von Fragen, Aufgabenstellungen etc.) bieten muss.

23 Eine solche Reduktion führt bei vielen anderen Texten nicht selten zur Zerstörung der Integrität des Werks.

Und in Bezug auf die Ebene der Bildung? Meines Erachtens können Gedichte in besonderer Weise Bildungsprozesse anregen, weil es bei ihrer Behandlung im Unterricht kaum darum geht und gehen kann, dass die Schüler/innen einfach etwas lernen, das hinterher abfragbar wäre, sondern in einem – nicht vollständig, aber dennoch relativ – offenen Prozess Interpretationen entwerfen und so sich mit ihren Deutungen als schöpferisch erfahren können. Die Schüler/innen können an Gedichten die Erfahrung machen, dass sich etwas zunächst für sie Unverständliches, Widerspenstiges erschließt und in diesem Zusammenhang ihre Subjektivität ins Spiel bringen.

Dass Gedichte das Thema des Unterrichts sind, könnte nun ein Falsifikator für die These sein, dass die Lehrerin den Schülern/innen nur wenig zutraut und an Bildungsprozesse nicht glaubt. Entscheidend ist aber freilich die Frage, *wie* das Thema »Gedichte« im Unterricht behandelt wird und ob die Möglichkeiten, die mit diesem Thema verbunden sind, auch von der Lehrerin genutzt werden.

Die Antwort der Schülerin enthält auch bereits einen Hinweis darauf, wie Gedichte im Unterricht behandelt werden (sollen). Denn auffällig ist, dass – laut der Antwort der Schülerin – nicht spezielle Gedichte zu einem besonderen Thema (z. B. zu einer Jahreszeit, zum Thema Liebe, zu politischen Angelegenheiten o. ä.) oder aus einer bestimmten literarischen Epoche (aus der Romantik, aus dem Expressionismus etc.) Gegenstand des Unterrichts zu sein scheinen, sondern Gedichte überhaupt. Denkbar wäre es allerdings, dass die Schülerin ungenau bleibt und faktisch durchaus eine konkrete Fragestellung bzw. eine Eingrenzung des Themas erfolgt ist. Dann wäre damit zu rechnen, dass die Lehrerin sie korrigiert und eine präzise Angabe verlangt. Wenn die Antwort der Schülerin aber richtig ist, dann bedeutet dies Folgendes: Entweder es wird dergestalt eine allgemeine Einführung in die Gattung lyrischer Texte gegeben, dass an einzelnen Beispielen Wesensmerkmale von Gedichten erarbeitet werden, wird also induktiv vorgegangen. Oder der Unterricht ist deduktiv angelegt, d. h. dass zuerst allgemeine Merkmale von Gedichten genannt und dann verschiedene Beispiele, an denen sich die Merkmale gut veranschaulichen lassen, behandelt werden. Letztlich muss auch noch die Möglichkeit in Betracht gezogen werden, dass der Unterricht der Lehrerin nicht systematisch geplant ist und ihr Vorgehen keiner der beiden oben genannten »Strategien« entspricht. Die fehlende Spezifikation des Themas könnte gerade ein Indiz dafür sein, dass es ihr nur darum geht, das Thema »Gedichte« »irgendwie« zu behandeln und so dem Rahmenplan zu entsprechen, der verlangt, dass neben epischen auch lyrische Texte behandelt werden.[24]

9 Lw: Gedichte!

Die Lehrerin wiederholt die Aussage der Schülerin und bestätigt sie auf diese Weise. Weder verlangt sie von der Schülerin ein Präzisierung, noch nimmt sie selbst eine solche vor, so dass davon ausgegangen werden kann, dass tatsächlich einfach »Gedichte« das Thema der Unterrichtsreihe sind.

9 Was ist ein Gedicht? SmB

Die Lehrerin will nun eine Definition hören und fragt wieder direkt eine bestimmte Person, in diesem Fall SmB.[25] Wie ist die Frage der Lehrerin zu verstehen? Hätte bisher noch kein Unterricht zu dem Thema »Gedichte« stattgefunden, so könnte die Frage als Einstieg in die Thematik begriffen werden, als eine Aufforderung an SmB seine Vorkenntnisse über das Thema zu äußern. Oben wurde allerdings klar, dass in der Vergangenheit bereits Unterricht zu diesem Thema stattgefunden hat. Es ist also davon auszugehen, dass über allgemeine Merkmale von Gedichten schon gesprochen wurde und dass SmB nun aufgefordert wird diese zu nennen. Die Wiederholung erfüllt dann eine doppelte Funktion: Sie dient zum einen der Lehrerin als Kontrolle, sie zeigt ihr, ob SmB verstanden hat, was in der/den letzten Stunde/n über Gedichte gesagt wurde, und ob er es sich gemerkt hat. Zum anderen wird durch die Wiederholung die Basis geschaffen bzw. neu gelegt, von der aus der Unterricht in der aktuellen Stunde weiterschreiten kann.[26]

10 SmB: Das sind Kurztexte

24 Siehe Lehrplan Deutsch Hauptschule, http://www.kultusministerium.hessen.de

25 Erneut lässt sich nicht sagen, ob der Schüler sich gemeldet hat oder einfach ›drangenommen‹ wird.

26 Die Frage, ob der Unterricht induktiv oder deduktiv angelegt ist, bleibt weiter offen. Zwar hat es den Anschein, als ginge die Lehrerin deduktiv vor, habe sie also mit einer Definition begonnen, die nun wiederholt werden soll. Auszuschließen ist aber nicht, dass die Definition zunächst induktiv erarbeitet wurde und nun wiederholt werden soll.

Diese Antwort befriedigt freilich nicht. Die Länge eines Textes sagt nicht unbedingt etwas über seine Gattungszugehörigkeit aus. Zwar sind tatsächlich die meisten lyrischen Texte kurz und epische sowie dramatische Texte sind in der Regel länger. Doch ist dies nicht immer der Fall. Und was heißt »kurz«? »Kurz« ist ein relativer Begriff – und natürlich auch kein Fachbegriff.

Die Antwort von SmB kann nicht diejenige sein, die die Lehrerin erwartet hat. Davon auszugehen, dass tatsächlich die von SmB genannte Definition in dieser Weise in den vergangenen Unterrichtsstunden genannt oder erarbeitet wurde, würde bedeuten die fachliche Kompetenz der Lehrerin in Frage zu stellen. Dafür gibt es allerdings keinen Grund. Wenn die Lehrerin sich allerdings mit dieser Definition im Folgenden zufrieden geben sollte, dann gäbe es durchaus einen Grund dazu. Die Antwort von SmB ist jedoch – dies darf nicht übersehen werden – auch nicht völlig falsch, denn Gedichte sind (wie gesagt) tatsächlich häufig sehr kurz. Darüber hinaus kann man sich fragen, warum der Schüler nicht sagt, Gedichte seien »kurze Texte«. Er spricht von »Kurztexten« und das lässt vermuten, dass er versucht einen neuen fachlichen Begriff zu prägen, und zwar in Analogie zu »Kurzgeschichten«: Wenn es »Kurzgeschichten« als Fachterminus gibt, warum sollte es nicht auch den Begriff »Kurztexte« geben?

Wie wird nun die Lehrerin reagieren? Dass sie die Definition akzeptiert, ist eigentlich ausgeschlossen, denn fachlich gesehen ist sie äußerst unzureichend. Sie könnte entweder SmBs Antwort schlicht als falsch beurteilen (und eventuell die Klasse dazu auffordern zu erklären, warum die Antwort nicht richtig ist). Oder sie könnte darauf eingehen, dass die Antwort nicht völlig falsch ist, sondern ein Element enthält, das sich »retten« lässt und mit dem weiter gearbeitet werden könnte. Dies könnte sie entweder der Klasse überlassen, indem sie diese dazu auffordert, SmBs Antwort zu kommentieren bzw. zu korrigieren. Oder sie könnte stärker lenkend reagieren und etwa sagen: »Gut, Gedichte sind häufig kurz. Aber gibt es noch andere, wichtigere Merkmale?«

11 (10 sec Pause)

Die Lehrerin antwortet überhaupt nicht. Vielmehr bleibt sie einfach stumm, und zwar zehn Sekunden lang. Das ist im Rahmen von Unterricht eine lange, eine sehr lange Zeit. In dieser Zeit könnte viel passieren – vor allem könnte die Klasse unruhig werden. Aber es geschieht nichts, einfach nichts.[27]

Warum reagiert die Lehrerin nicht sofort? Offenbar denkt sie nach, überlegt, wie sie auf die Aussage von SmB angemessen antworten könnte. Die Lehrerin weiß – so lässt sich vermuten –, dass sie die Definition von SmB nicht einfach so stehen lassen kann, sonst hätte sie ja unmittelbar positiv auf SmB reagieren können. Allerdings weiß sie offensichtlich nicht sofort, wie sie mit der Definition umgehen soll.

12 Lw: Hmhm (...)

Die Lehrerin beendet die Stille, indem sie einen Laut von sich gibt. Sie signalisiert auf diese Weise der Klasse, dass sie auf die Äußerung von SmB reagieren möchte, antwortet aber noch nicht wirklich. Faktisch hält die Pause weiter an.

12 Lw: Wir haben ja gesagt

Die Lehrerin rekurriert nun auf etwas, was in den vergangenen Unterrichtsstunden besprochen wurde. Dabei tilgt sie erneut die Differenz, die zwischen ihr und der Klasse besteht, und macht deutlich, dass dasjenige, worauf sie nun Bezug nehmen wird, in der Vergangenheit allgemeiner Konsens war. Es sieht also so aus, als wolle sie weit ausholen und etwas in Erinnerung rufen, das dabei behilflich sein könnte, die Antwort von SmB richtig zu stellen.

12 es gibt sehr unterschiedliche
13 Formen von Gedichten,

Die Aussage ist so banal wie richtig. Unklar ist jedoch, worauf die Lehrerin mit ihr hinaus will: Will sie damit sagen, dass es von der Form abhängt, ob ein Gedicht kurz oder lang ist? (Zweizeiler sind kurz, während etwa eine Ode schon von beträchtlicher Länge sein kann.) Unter dieser Bedingung könnte man sagen, dass die Lehrerin mit ihrer Bemerkung sinnvoll auf die Antwort von SmB Bezug nimmt.

13 und wir werden einige,

27 Es bestätigt sich hier die bereits zu Beginn der Stunde gemachte Feststellung, dass die Klasse sehr diszipliniert ist. Es wird nicht gestört.

Wahrscheinlich wird der Satz so weitergehen: »und wir werden einige von ihnen im Folgenden behandeln.« Das heißt, die Lehrerin kündigt an, dass nicht alle Formen im Unterricht besprochen werden sollen, sondern nur eine Auswahl. Sie hat eine didaktische Entscheidung getroffen und teilt sie der Klasse nun mit. Warum sie dies tut, ist jedoch nicht ersichtlich. Es ist selbstverständlich, dass angesichts der Vielzahl lyrischer Formen eine Auswahl stattfinden muss. Warum aber kommt die Lehrerin ausgerechnet jetzt auf diese Tatsache zu sprechen? Und vor allem: Inwiefern nimmt sie mit ihrer Äußerung noch Bezug auf die Antwort von SmB? Der Bezug besteht allenfalls darin, dass – wie oben bereits gesagt – es in einigen Fällen tatsächlich von der Form abhängt, ob ein Gedicht kurz oder lang ist. In dieser Weise reagiert die Lehrerin mit ihrer Äußerung noch vage und ungenau auf die Antwort von SmB. In erster Linie scheint ihre Bemerkung jedoch die Funktion zu haben von der Frage, was Gedichte sind, und der ungenügenden Antwort von SmB weg und hin zu dem nächsten Unterrichtsschritt zu leiten. Vermutlich hat die Lehrerin in den zehn Sekunden darüber nachgedacht, ob sie die Frage nach der Definition von Gedichten weiter behandeln bzw. auf die Antwort von SmB eingehen soll. Statt diese Frage aber nun zu klären und die Antwort von SmB zu korrigieren, hat sie sich dazu entschieden zum nächsten Unterrichtsschritt überzuleiten. Dies hat sie mit einer Bemerkung getan, die indirekt noch Bezug nimmt auf SmBs Antwort, letztlich aber nur dazu dient zu kaschieren, dass die Frage nach der Definition von Gedichten ungeklärt bleibt.

Warum macht die Lehrerin das? Warum klärt sie den Sachverhalt nicht auf, sondern lässt die falsche Antwort von SmB im Raum stehen und spricht statt dessen über den weiteren Unterrichtsverlauf? Verschiedene Hypothesen sind hier denkbar:

1. Die Lehrerin hat ein Unterrichtskonzept im Kopf, das sie konsequent »durchziehen« will. Eine Klärung der Definition von Gedichten birgt die Gefahr, dass der Unterrichtsverlauf eine andere Richtung nimmt, als sie es geplant hat, oder einfach zu viel Zeit verloren geht, so dass sie ihr Konzept nicht mehr vollständig realisieren kann. Das würde bedeuten, dass die Lehrerin klare Prioritäten setzt: Die Realisierung ihres Konzeptes ist ihr wichtiger als die Arbeit mit und an den Schülern/innen bzw. an der Sache (hier: an der Klärung der Definition, die als Antwort auf die Frage, was ein Gedicht ist, gegeben wurde.).

2. Die Lehrerin denkt, dass die Klärung der Frage, was ein Gedicht ist, zu kompliziert für die Schüler/innen ist. Wenn dies sachlich begründet wäre – das Thema ist einfach zu schwer –, dann hätte sie aber ihre Frage erst gar nicht stellen dürfen. Das Thema »an sich« hält sie also nicht für zu schwer, jedoch ist es in ihren Augen wahrscheinlich für die Schüler/innen zu schwer SmBs Antwort zu korrigieren. Seine Definition nimmt sie nicht als eine pädagogische Herausforderung wahr, also vor dem Hintergrund der Vorstellung, dass die Schüler/innen zwar gegenwärtig vieles noch nicht wissen und noch nicht können, doch das Potenzial dazu haben zu lernen. Vielmehr nimmt die Lehrerin die Antwort von SmB als ein Symptom für den Zustand des Schülers bzw. aller Schüler/innen.[28] Das heißt, SmBs Aussage wird in ihren Augen zu einem Indiz für einen feststehenden, unveränderlichen Zustand der Schüler/innen. Die oben formulierte These vom Misstrauen der Lehrerin gegenüber den Schüler/innen und ihrer Befähigung, etwas zu lernen, findet an dieser Stelle eine erste starke Bestätigung. Sie lässt sich jetzt auch in andere Worte fassen: Die Lehrerin geht von einer »negativen Anthropologie der Schüler/innen« aus: In ihren Augen sind die Schüler/innen so, wie sie sind, und gehört es zu ihrem Wesen, dass sie nichts wissen und nichts lernen können.

3. Jedoch ist auch noch eine dritte Hypothese möglich: Es liegt nicht daran, dass die Lehrerin an den Schülern/innen und deren kognitiven Fähigkeiten zweifelt, sondern die Frage ist doch »an sich« zu schwer. Denn sie lässt sich womöglich nicht allein durch die Angabe von Merkmalen der speziellen Textsorte »Gedicht« beantworten, sondern führt letztlich zu philosophischen Fragen, zu der Frage nicht nur nach dem Wesen von Gedichten, sondern auch zu der nach dem Wesen von Kunst überhaupt.

13 und ihr
14 werdet einige kennen lernen,

Die Lehrerin korrigiert sich selbst: Sie ersetzt das »wir« durch ein »ihr«. Warum macht sie das? Warum ist ihr das so wichtig? Zwar ließe sich sagen, dass die Lehrerin faktisch Recht hat, denn tatsäch-

28 Würde sie davon ausgehen, dass SmB ein Einzelfall ist, von dem nicht auf die anderen Schüler/innen geschlossen werden kann, dann hätte sie einfach die Klasse auffordern können, zu der Antwort von SmB Stellung zu nehmen.

lich ist für sie selbst der Unterrichtsstoff ja nicht neu, sie kennt die verschiedenen Formen von Gedichten längst. Doch hatte sie auch von »unserem Thema« gesprochen und damit die Vorstellung von einem gemeinsamen Lernprozess bzw. einer Arbeitsgemeinschaft evoziert, in die sie sich selbst mit einschließt. Warum geht sie an dieser Stelle so deutlich wieder auf Distanz zu den Schüler/innen?

Auffällig ist, dass die Lehrerin im Gegensatz zu der oben gedankenexperimentell vorgenommenen Vervollständigung des begonnenen Satzes nicht von »behandeln«, sondern von »kennen lernen« spricht. Damit kommt zum einen zum Ausdruck, dass die Lehrerin davon ausgeht, dass es sich um einen »Erstkontakt« handeln wird, die Schüler/innen also zuvor diesen Formen von Gedichten noch nicht begegnet sind. Zum anderen legt diese Formulierung die Vermutung nahe, die Lehrerin versuche den Eindruck zu vermeiden, die bevorstehende Beschäftigung mit verschiedenen Formen von Gedichten könnte den Schüler/innen ein gewisses Maß an Arbeitsaufwand abverlangen. Es gibt freilich eine Vielzahl von Möglichkeiten etwas zu behandeln – diese können unaufwendig, aber auch sehr kompliziert, anspruchsvoll oder auch anstrengend sein, vor allem dann, wenn das Behandeln zielgerichtet ist. »Kennen lernen« kann zwar auch kompliziert sein, doch klingt es unverbindlicher, da es weniger mit Eigenaktivität und Zielgerichtetheit konnotiert ist.

Auch dieses semantische Detail kann also als ein Indiz für die »negative Anthropologie« der Lehrerin angesehen werden: Sie geht davon aus, dass der »Stoff«, den sie mit den Schülern/innen behandeln will, für diese neu ist und dass die Bereitschaft sich auf eine anstrengende Sache einzulassen bei ihnen kaum vorhanden ist. Sie befürchtet, dass die Schüler/innen durch den Eindruck, die Beschäftigung mit ausgewählten Formen von Gedichten könne zu einem anspruchsvollen Unternehmen werden, abgeschreckt werden. Oder anders formuliert: Aus der Sicht der Lehrerin sind die Schüler/innen a priori leistungsunwillig und nicht dazu bereit, sich auf Unterricht einzulassen, wenn sie merken, dass dieser sie fordert und sie sich anstrengen müssen. Deswegen geht sie vorsichtig vor, vermeidet alles, was den Schülern/innen den Eindruck vermitteln könnte, sie müssten sich anstrengen. Aber was könnte geschehen, wenn die Schüler/innen doch diesen Eindruck gewinnen sollten? Vermutlich befürchtet die Lehrerin, der Unterricht könne dann zusammenbrechen, die Schüler/innen könnten sich verweigern und die Kooperation beenden.

Nun muss allerdings noch berücksichtigt werden, dass die Lehrerin ein äußerst anspruchsvolles Thema, das Thema »Gedichte« ausgewählt hat. Denn dies führt zu dem Schluss, dass die Lehrerin sich in ihrem Verhalten als äußerst widersprüchlich erweist: Auf der einen Seite konfrontiert sie die Schüler/innen mit einem sehr schwierigen Thema, auf der anderen Seite traut sie ihnen kaum etwas zu. Wenn die Schüler/innen tatsächlich so leistungsschwach und leistungsfeindlich sind, wie sie es annimmt, warum hat sie dann eine so komplexe Thematik wie Gedichte zum Unterrichtsgegenstand gemacht?

> 14 die euch wahrscheinlich noch
> 15 nicht untergekommen sind

Bestimmte Formen von Gedichten kennen die Schüler/innen bereits, andere sind ihnen aller Wahrscheinlichkeit »noch nicht untergekommen«, d.h. sie sind ihnen noch nie begegnet, sie kennen sie nicht. Die Lehrerin kündigt also an, dass dasjenige, was nun Gegenstand des Unterrichts sein soll, für die Schüler/innen neu sein wird. Zum einen begründet sie damit ein Stück weit ihr Vorhaben – dass die Schüler/innen mit etwas Neuem konfrontiert werden, ist konstitutiv für Unterricht. Zum anderen kann in dem Verweis auf die Neuheit der Versuch gesehen werden, das Interesse der Schüler/innen an dem Unterrichtsgegenstand zu wecken. Beides geschieht jedoch sehr verhalten, sehr indirekt.

Merkwürdig ist die Formulierung »unterkommen«. Was wird mit ihr gesagt? Diese Formulierung wird verwendet, wenn man einer Sache begegnet, allerdings nicht, weil man sie gesucht hat und ihr begegnen wollte, sondern weil sie einem »über den Weg gelaufen« ist. Man begegnet ihr passiv, »schicksalhaft«. Und zudem geschieht es auf eine Weise, die durch die nicht vorhandene Kontrolle des Subjekts gekennzeichnet ist: Die Begegnung geschieht, ohne dass das Subjekt sie bemerkt. Irgendwann ist plötzlich dasjenige, was einem »unterkommt«, einfach da. Was lässt sich aus der Verwendung dieser Formulierung durch die Lehrerin schließen? Sie enthält die Unterstellung (ob diese begründet ist oder nicht, lässt sich nicht sagen), dass die Schüler/innen von sich aus, aus eigenem Antrieb nie ein Gedicht lesen würden. Weil ausgeschlossen ist, dass sie sich mit Gedichten bzw. Formen von Gedichten von sich aus befassen, können ihnen solche allenfalls einmal »untergekommen« sein.

> 15 oder ihr habt schon mal
> 16 davon gehört.

Den Schüler/innen können bestimmte Formen von Gedichten auch auf andere Weise schon einmal begegnet sein: Sie können von ihnen »gehört« haben. »Von etwas gehört haben« meint hier ein oberflächliches Informiertsein. Zu den Schülern/innen könnte die Kunde bereits vorgedrungen sein, dass es dasjenige gibt, worüber die Lehrerin mit ihnen nun sprechen will, dass sie aber genauere Kenntnisse darüber besitzen, ist eher unwahrscheinlich. Die Präsupposition ist freilich wieder dieselbe: Die Möglichkeit, dass die Schüler/innen aus eigenem Interesse sich mit Gedichten beschäftigt haben könnten, wird von der Lehrerin nicht in Betracht gezogen.

> 16 SwA (3 sec)

Die Lehrerin ruft den Namen einer Schülerin und wartet drei Sekunden lang. Eine Aufforderung zu einem Beitrag kann dies nicht sein, da keine Frage gestellt wurde und folglich auch nicht klar ist, was Swa antworten könnte. Es kann also nur eine Ermahnung sein, der ein Abwarten folgt, bis Ruhe und Konzentration sich wieder eingestellt haben. Auch an dieser Stelle ist auffällig, dass die Lehrerin disziplinierend handelt, obwohl von einer Unterrichtsstörung oder einer Unaufmerksamkeit im Transkript nichts vermerkt ist. Wenn eine solche dennoch stattgefunden haben sollte, dann muss diese so geringfügig gewesen sein, dass sie unterhalb der Schwelle des akustisch Wahrnehmbaren lag, also nur in einer lautlosen Unaufmerksamkeit bestand. Es zeigt sich hier erneut, wie sehr die Lehrerin darauf bedacht ist, den Anfängen einer Erosion der Unterrichtsordnung zu wehren. Die kleinste Unaufmerksamkeit eines/r Schülers/in kann aus ihrer Sicht zu einem »Dammbruch« führen, d. h. zu einer Entwicklung, die für sie nicht mehr kontrollierbar ist.

> 16 hat jemand schon mal was von
> 17 einem Limerick gehört

Nun ist die Lehrerin beim Stundenthema angelangt, der besonderen lyrischen Form des »Limerick«. Die Lehrerin nennt das Thema und will gleichzeitig wissen, ob jemand schon einmal den Begriff »Limerick« gehört hat, genauer gesagt, sie stellt die Frage so, dass die Schüler/innen sowohl auf ein konkretes Beispiel für einen Limerick als auch auf die allgemeine Definition von Limericks Bezug nehmen können. Sie hält es also durchaus für möglich, dass die Schüler/innen schon einmal einen Limerick gehört oder Informationen über die Form eines solchen Gedichtes »aufgeschnappt« haben – mit dem »gehört haben« ist aber auch hier für die Lehrerin eher ausgeschlossen, dass sie im Besitz profunder Kenntnisse sind.

Im »Brockhaus« heißt es, ein Limerick sei »gewöhnlich ein daktylisch-anapästischer Fünfzeiler (zwei dreihebige Zeilen, zwei zweihebige, eine dreihebige) mit dem Reimschema aabba, für Ulk- und Nonsense-Verse.«[29] Diese Definition ist freilich recht anspruchsvoll und es ist tatsächlich eher auszuschließen, dass ein/e Schüler/in in der Klasse sie kennt. Die Frage stellt sich nun natürlich, warum die Lehrerin gerade diese Form von Gedichten für ihren Unterricht ausgewählt hat. Worin könnte das Motiv für ihre didaktische Entscheidung bestehen? Aus der Definition lässt sich entnehmen, dass Limericks von der Form her durchaus anspruchsvoll sind und dass ihre Form vor allem klar bestimmbar und eindeutig festgelegt ist. Variationen gibt es hier offensichtlich nicht. Anders ist es mit dem Inhalt. Dieser ist scheinbar völlig beliebig und Limericks müssen scheinbar keinen Sinn ergeben. Beide Aspekte zusammen – die formale Strenge und die inhaltliche Beliebigkeit – machen den besonderen Reiz von Limericks aus: Sie unterscheiden sich auf der inhaltlichen Ebene deutlich von anderen Formen von Gedichten, die einen komplexen Sinn, eine komplexe »Botschaft« enthalten, die mühselig entschlüsselt werden muss. Und insofern sie gerade nicht sinnvoll sind, sind sie in besonderer Weise zweckfrei, reines Spiel. Auf der anderen Seite ist durch ihre strenge Form verbürgt, dass, wie auch immer ihr Inhalt beschaffen sein sollte, unstrittig ist, dass es sich bei ihnen um Gedichte handelt. Es ist allerdings zu beachten, dass das auf die inhaltliche Ebene bezogene Merkmal, bei Limericks ginge es nur um Nonsense, nur auf den ersten Blick mit Beliebigkeit und Anspruchslosigkeit gleichzusetzen ist. Wenn ein Limerick gelungen und wirklich witzig ist, dann ist es für den Interpreten wahrscheinlich durchaus nicht so leicht zu erklären, warum er gut ist und worin sein Witz besteht. Und Limericks selbst zu produzieren ist ebenfalls nicht so einfach, wenn sie wirklich geistreich, womöglich hintergründig und nicht nur platt sein sollen.

29 Brockhaus Enzyklopädie, Bd. 11, Wiesbaden 1970, S. 473.

Zu vermuten ist, dass die Lehrerin die Hoffnung hat, die Beschäftigung mit einem so komplizierten Thema, wie Gedichte es sind, könnte für die Schüler/innen interessant und motivierend sein, wenn es nicht so ernst zugeht, wenn sie nicht mit der Anforderung konfrontiert sind, sich den Sinn von Gedichten aufwendig zu erschließen, oder wenn sie selbst Gedichte schreiben können, ohne viel nachdenken zu müssen. (Zwei der formalen Bedingungen – die der Strophik und die des Reims – zu erfüllen ist nicht schwierig. Nur den Rhythmus so einzuhalten, wie es die Definition verlangt, dürfte nicht einfach sein.)

18 SwF: Von einem was?

Nicht ganz auszuschließen ist, dass die Schülerin SwF akustisch nicht verstanden hat, wovon die Lehrerin sprach. Doch wahrscheinlich hat sie von Limericks tatsächlich bisher noch nichts gehört und weiß nicht, was ein Limerick ist. SwFs Antwort kann deswegen als eine Bestätigung des »Vorurteils« der Lehrerin betrachtet werden, es könnten kaum Kenntnisse bei den Schülern/innen vorausgesetzt werden. Ob es sich bei SwF jedoch um einen Einzelfall handelt oder ob sie bzw. ihr Wissensstand repräsentativ für den der Klasse ist, also alle Schüler/innen das Wort »Limerick« noch nie gehört haben, ist noch offen.

19 SwD: Schon mal gehört!

Im Gegensatz zu SwF hat die Schülerin SwD durchaus schon einmal das Wort »Limerick« gehört. Dies ruft sie spontan in die Klasse hinein. Nun bestünde für die Lehrerin die Möglichkeit nachzuhaken und SwD z. B. zu fragen, in welchem Zusammenhang sie von Limericks gehört hat, ob sie ein Limerick kennt oder ob sie – auf einer allgemeinen Ebene – sagen kann, was ein Limerick ist. Tut sie das?

20 Lw: Schon mal gehört.

Die Lehrerin hat offensichtlich den Beitrag von SwD vernommen und wiederholt ihn einfach (im Sinne eines Lehrerechos.) Und im Folgenden könnte sie auf SwF eingehen und prüfen, ob sie irgendwelche Kenntnisse über Limericks besitzt bzw. etwas beitragen kann, mit dem im Unterricht weiter gearbeitet werden könnte.

20 (geht an die Tafel und schreibt »Limerick«
21 an)

Warum schreibt die Lehrerin den Begriff »Limerick« an die Tafel? Zwei Gründe sind dafür denkbar: Zum einen ist es sinnvoll, weil so festgehalten und für alle deutlich gemacht wird, was im Zentrum der Stunde steht. Das Stundenthema wird für alle optisch wahrnehmbar und mit der Autorität der Lehrerin versehen festgehalten. Zum anderen greift die Lehrerin der Frage vorweg, wie man diesen Begriff richtig ausspricht und wie man ihn richtig schreibt. Ihr Verhalten entspricht konsequent ihrer Annahme, dass das Wort »Limerick« – zumindest der Mehrheit der Klasse – fremd ist und folglich auch viele nicht wissen, wie es richtig geschrieben wird. Und sie unterstellt, dass der Klasse noch nicht hinreichend klar ist, dass Limericks das Stundenthema sind.

Auch jetzt noch bestünde freilich die Möglichkeit auf die Bemerkung von SwD einzugehen. Passiert dies nun?

22 SmA: Ein Name?

Für den Schüler SmA ist das Wort »Limerick« offensichtlich völlig neu. Er weiß überhaupt nicht, wie er es einordnen soll. Doch er versucht es und ist auf die Idee gekommen, es könne sich um einen Namen handeln. Und ein Name ist für ihn wahrscheinlich nicht die Bezeichnung für irgendeine besondere Sache, sondern die Bezeichnung für eine Person. Mit »Name« ist wohl »Personenname« gemeint. Personennamen gibt es viele, und viele sind einem unbekannt, insbesondere Nachnamen. Und weil »Limerick« ein Name sein könnte, SmA ihn aber nicht kennt, kleidet er seine Antwort in die Form einer Frage.

SmAs Beitrag verweist auf das ernsthafte Bemühen, die Frage der Lehrerin richtig zu beantworten und einen Beitrag zum Unterrichtsgeschehen zu leisten, doch zeigt er auch, dass SmA dem Unterricht wohl nur selektiv gefolgt ist. Denn hätte er zuvor der Lehrerin aufmerksam zugehört, müsste er nun wissen, dass es momentan im Unterricht nicht um Personen, sondern um »Formen von Gedichten« geht.[30]

30 SmAs Antwort wäre plausibel gewesen, wenn die Lehrerin gefragt hätte: »Hat jemand schon mal was von Limerick gehört?« (also ohne unbestimmten Artikel.) Das wäre so, wie wenn die Frage lauten würde: »Hat jemand schon mal was von Goethe gehört?« Dann wäre es für denjenigen,

23 Lw: Ein Name? Nein!

Wieder greift die Lehrerin die Antwort auf und gibt sie wörtlich wieder. Und wieder nutzt sie nicht die Möglichkeit, dass SwD (oder vielleicht auch ein anderer Schüler) etwas wissen könnte. Auch wenn SwD kaum etwas Genaueres über Limericks wissen sollte, so kann sie, da sie doch irgendwann schon einmal das Wort gehört hat, die Frage vielleicht beantworten, ob »Limerick« der Name für eine Person ist. Doch die Lehrerin antwortet selbst – und auch das entspricht ihrer grundlegenden Prämisse. Obwohl SwD zu erkennen gegeben hat, dass sie etwas über Limericks weiß, gibt die Lehrerin ihr keine Gelegenheit, die eventuell vorhandenen Kenntnisse in den Unterricht einzubringen. Dies zeigt, wie stark die Prämisse der Lehrerin ist, die Schüler/innen wüssten nichts über Limericks – die Chance, dass diese Prämisse widerlegt werden könnte, wird konsequent übergangen.

24 SmD: Ein spezielles Gedicht!

Mit dieser Antwort kommt der Schüler SmD dem, was die Lehrerin erwartet, schon recht nahe. Besser wäre wohl: »Eine spezielle Form von Gedichten«, da die Antwort von SmD auch so verstanden werden kann, als beziehe sie sich auf ein singuläres Exemplar. Die Lehrerin könnte also den Schüler sowohl bestätigen und loben als auch seine Antwort leicht korrigieren. Darüber hinaus wäre es auch möglich, ihn (statt SwD) danach zu fragen, ob er Genaueres über diese Form von Gedichten weiß – auch wenn zu vermuten ist, dass seine Antwort nicht auf genauere Kenntnisse über Limericks beruht, sondern SmD einfach »eins und eins zusammengezählt«, also die Ankündigung der Lehrerin, mit der Klasse verschiedene Formen von Gedichten besprechen zu wollen, mit der Einführung des Begriffs »Limerick« in Verbindung gesetzt hat.

25 Lw: hmhm

Die Lehrerin begnügt sich mit einem Laut, der sowohl als Zustimmung als auch als Ausdruck von Unzufriedenheit mit dem Beitrag von SmD gedeutet werden kann. Verallgemeinernd lässt sich sagen, dass weder an dieser noch an den vorangegangenen Kommentaren der Lehrerin zu Antworten der Schüler/innen das Bemühen erkenn-

der Goethe nicht kennt, aber weiß, dass es um Gedichte geht, naheliegend, dass »Goethe« der Name eines Dichters ist. Die Lehrerin fragt aber: »Hat jemand schon mal was von einem Limerick gehört?«

bar ist, auf diese genauer einzugehen und Kenntnisse, die eventuell vorhanden sein könnten, zur Sprache kommen zu lassen. Sie prüft diese nicht, hinterfragt sie nicht, ja, versucht in keiner Weise irgendwie mit ihnen zu arbeiten. Was oben noch als Hypothese formuliert wurde, kann jetzt als mehrfach bestätigt angesehen werden: Die Lehrerin geht davon aus, dass hier nichts zu »bergen« ist, dass es die Anstrengung nicht lohnt weiterzufragen, da dies zu nichts führen werde.

26 SmA: Ja, dann erklär mal SwD

Nicht die Lehrerin, sondern der Schüler SmA fordert SwD dazu auf, ihre eventuell vorhandenen Kenntnisse in den Unterricht einzubringen. Er macht das, was eigentlich die Aufgabe der Lehrerin gewesen wäre und wendet sich maieutisch SwD zu. Das muss allerdings nicht notwendig so gedeutet werden, als geschehe dies in der Absicht, stellvertretend die Lehrerrolle auszuüben (angesichts dessen, dass die Lehrerin dies nur unzureichend tut.) Vielmehr ist auch denkbar, dass SmA seine Mitschülerin necken oder provozieren will. Doch könnte er dies nicht tun, wenn SwD nicht angedeutet hätte, dass sie tatsächlich etwas weiß. Und jetzt bekommt sie die Möglichkeit zu zeigen, ob sie solche Kenntnisse tatsächlich besitzt oder nicht.

27 Lw: Das sagt euch jetzt erst mal nichts?

Die Lehrerin schneidet die Möglichkeit, dass SwD auf die Aufforderung von SmA reagiert und zeigt, ob sie irgendwelche Kenntnisse über Limericks besitzt oder nicht, radikal ab. Stattdessen stellt sie eine Frage, die unpassend ist: Die Lehrerin hat die Schüler/innen bereits gefragt, ob der Begriff »Limerick« ihnen »etwas sagt« und die Antworten, die sie auf ihre Frage bekam, waren dergestalt, dass es nicht ausgeschlossen zu sein schien, dass tatsächlich gewisse Kenntnisse in der Klasse vorhanden sind. Doch statt diese Kenntnisse zu »heben« oder auf die Aufforderung von SmA hin SwD zu Wort kommen zu lassen, hält sie unbeirrt an ihrer Ansicht fest, dass die Schüler/innen nichts wissen. Und mit der zuletzt geäußerten Frage will sie nun auch noch von den Schüler/innen eine Bestätigung für ihre Überzeugung erhalten. Diese sollen eingestehen, dass sie nichts mit dem Wort »Limerick« verbinden können – und vollständig auf Informationen, die die Lehrerin ihnen geben kann, angewiesen sind. Damit wird vorbereitet – im Sinne einer vorangestellten Legitimation –, dass die Lehrerin der Klasse im Folgenden Informationen über Limericks zukommen lässt.

27 Oder wie?

Durch diese Ergänzung wird die Frage noch einmal verstärkt bzw. die Erwartung noch einmal unterstrichen, dass die Schüler/innen eine Antwort geben. Die Schüler/innen werden geradezu provoziert. Vor dem Hintergrund dessen, was alles gesagt wurde, ist das jedoch nicht als Ausdruck von Offenheit und eines wirklichen Interesses auf Seiten der Lehrerin zu sehen, sondern als Beleg dafür, wie sicher sich die Lehrerin in ihrer Überzeugung ist. Worauf ihre Frage zielt, ist nichts anderes als die Zustimmung der Schüler zu der vorgefassten Meinung der Lehrerin: »Ja, Frau Lehrerin, wir wissen nichts.«

28 SmE: Spezielle Art?

Der Schüler SmE hat nicht aufgegeben. Er will es nicht auf sich sitzen lassen, nichts zu wissen bzw. nicht durch eigene Überlegungen auf die richtige Antwort kommen zu können, und versucht deswegen noch einmal die Frage der Lehrerin zu beantworten. Und seine Antwort ist auch insofern richtig, als sie auf die Antwort von SmD reagiert sowie auf die Reaktion der Lehrerin auf diese Antwort, also auf die Unzufriedenheit der Lehrerin, denn sie korrigiert SmD genau in die richtige Richtung. Auf der einen Seite könnte nun erwartet werden, dass die Lehrerin jetzt nicht mehr unzufrieden ist, SmE zustimmt und ihn eventuell sogar lobt. Darüber hinaus könnte sie weiter fragen, ob jemand weiß, was denn diese »spezielle Art« kennzeichne. Auf der anderen Seite hat sich aber die Struktur, durch die die Kommunikation zwischen der Lehrerin und der Klasse geprägt ist, so sehr verhärtet, dass eine Abweichung von ihr, ja, ein Aufbrechen dieser Struktur äußerst unwahrscheinlich ist.

29 Lw: Ja, eine ganz spezielle Art.

Die Lehrerin bestätigt SmE, seine Antwort war richtig und entspricht ihren Erwartungen. Sie wiederholt seine Äußerung – wieder im Sinne eines Lehrerechos –, allerdings fügt sie ein »ganz« ein und unterstreicht damit die Besonderheit der Form von Gedichten, die als »Limericks« bezeichnet werden. Diese stechen, so behauptet die Lehrerin implizit, heraus aus der Normalität der anderen Formen von Gedichten. Folgt jetzt eine Erklärung dieser »ganz speziellen Art«?

Ein Arbeitsblatt und seine Besprechung

Pädagogischer Pessimismus auf der Ebene der Didaktik

Die Lehrerin fährt fort:

> 29 Ich habe jetzt ein
> 30 Arbeitsblatt dazu,

Dass sie nicht mit den Schüler/innen und deren eventuell vorhandenen Kenntnissen arbeitet, ist in aller Deutlichkeit erkennbar geworden – die Analyse hat dies mehrfach hervorgehoben. Es zeigt sich nun, dass die Lehrerin auch nicht selbst – im Rahmen eines Lehrervortrags – die Besonderheiten der Form des Limerick erklärt. Stattdessen kommt sie mit einem Arbeitsblatt. Auf die Frage, warum sie nicht versucht, aus den Schüler/innen »mehr herauszuholen«, ist bereits eingegangen worden. Unklar ist jedoch, warum sie nicht selbst eine Erklärung bietet, sondern zu einem Hilfsmittel greift. Dass es ihr an fachlicher Kompetenz mangelt, ist möglich, aber – da es kaum überprüft werden kann – eher auszuschließen. Es scheint vielmehr so, als mangele es ihr an Vertrauen in die Tragfähigkeit des »Arbeitsbündnisses« zwischen ihr und der Klasse. Wahrscheinlich glaubt sie nicht daran, dass die Klasse bereit ist ihren Ausführungen zu folgen. Die Kehrseite dessen ist, dass sie auch nicht an sich selbst glaubt, genauer gesagt an ihre Fähigkeit, die Aufmerksamkeit der Klasse für einen längeren Zeitraum zu gewinnen. Deswegen, so ist zu vermuten, sucht sie Hilfe bei einem Arbeitsblatt.

Dabei nimmt sie in Kauf, dass die Motivation der Schüler/innen erst einmal geschwächt wird. Die Schüler/innen waren ja bereit sich weiter mit der Frage nach der Eigenart von Limericks im Gespräch zu befassen. Nun wird ihnen ein Arbeitsblatt geboten, so als sei diese Bereitschaft nicht vorhanden und auch die Voraussetzung für die Klärung der Frage nicht gegeben. Implizit ist diesem Schritt das Versprechen, das Arbeitsblatt könne eine Antwort auf die Frage nach der »speziellen Art« von Limericks bieten. Die Formulierung »Arbeitsblatt« lässt die Schüler/innen nicht nur erwarten, dass dieses Blatt eine Antwort auf die im Raum stehende, immer noch offene Frage gibt, sondern auch Aufgaben enthält, die bearbeitet werden müssen. Aus der Sicht der Lehrerin ist die Eingabe, wie schon gesagt, adäquat vorbereitet und an dieser Stelle notwendig: Sie hat eine Frage in den Raum gestellt, die Klasse wurde dazu aufgefordert, sie zu beantworten, hatte die Gelegenheit sich zu äußern, doch es hat sich erwiesen, dass ihre Kenntnisse nicht ausreichen um die Frage zu beantworten – und deswegen ist die Eingabe des Arbeitsblattes eben notwendig.

> 30 das lass ich mal rumgehen.

»Rumgehen« lassen ist die in höheren Klassen übliche Form der Verteilung von Materialien.

> 31 (SmC hält alle Zettel in der Hand und weiß nicht, was er damit
> 32 machen soll)

Die Lehrerin hat dem Schüler SmC offensichtlich alle Zettel in die Hand gedrückt, der jedoch »auf dem Schlauch steht« und nicht weiß, was er mit ihnen machen soll. Die Lehrerin setzt auf eine Konvention, darauf, dass jeder weiß, wie das »Rumgehenlassen« funktioniert (jeder nimmt sich ein Blatt und gibt den Stapel dann weiter.) Warum aber zögert SmC? Dass SmC die Konvention nicht kennt bzw. nicht reagiert, wie die Lehrerin es von ihm erwartet, ist eigentlich auszuschließen – zu oft ist diese in den letzten Jahren praktiziert worden. Der obigen Interpretation würde es entsprechen, wenn er zögert, weil er gemerkt hat, dass einige Schüler/innen noch etwas zu der Frage nach den besonderen Merkmalen von Limericks beitragen könnten, dass also die Eingabe von Arbeitsblättern durch die Lehrerin unvermittelt bzw. zu früh erfolgt. Ob dies allerdings der tatsächliche Grund ist, lässt sich nicht mit Sicherheit sagen.

> 33 Lw: Du nimmst dir ein Blatt und gibst den Rest weiter

Die Lehrerin hat gemerkt, dass SmC nicht weiß, was er machen soll. Sie erklärt ihm noch einmal die Konvention, obwohl ihr klar sein müsste, dass SmC sie kennt. Dies zeigt, dass andere Gründe für sein Zögern von ihr nicht in Betracht gezogen werden.

> 34 SmB: SwH kommt schon wieder zu spät!

Die Schülerin SwH hat den Klassenraum betreten, nachdem der Unterricht längst begonnen hat. SmB hat dies offensichtlich gemerkt, thematisiert es nun vor der gesamten Klasse und zwar dergestalt, dass er gleichzeitig darauf verweist, dass dies nicht außergewöhnlich ist, denn SwH erscheint öfters zu spät zum Unterricht. Warum schweigt SmB nicht, warum macht er alle – und damit auch die Lehrerin – auf das Zu-spät-Kommen von SwH aufmerksam? Ein Grund dafür könnte sein, dass er sich primär mit seiner Bemerkung an die Lehrerin richtet und will, dass auch sie das Zu-spät-Kommen wahrnimmt und womöglich darauf reagiert – mit einer Nachfrage nach dem Grund, mit einer Ermahnung, einem Vermerk im Klassenbuch o. ä. Das heißt, er würde sich gewissermaßen in den Dienst der Lehrerin als Ordnungsmacht stellen, würde dieser behilflich sein. Möglich ist aber auch – und wahrscheinlicher –, dass er die Verspätung der Mitschülerin nicht (nur) als Regelverstoß nimmt, sondern (auch) als – womöglich willkommene – Ablenkung vom Unterricht. Ja, eigentlich macht er beides: SmB nutzt die Gelegenheit als Ablenkung von dem Unterrichtsgespräch, das aus der Sicht der Schüler/innen als uninteressant und nicht zur Beteiligung motivierend erscheinen muss. Er nutzt sie aber dergestalt, dass sein Handeln – obwohl es objektiv in dem Sinne selbst eine Unterrichtsstörung darstellt, weil er unaufgefordert in die Klasse hineinruft – als ein solches erscheint, das im Dienst der Wahrung der Ordnung des Unterrichts steht.

Durch SmBs Äußerung wird ein neuer, zum Unterrichtsgeschehen alternativer Aufmerksamkeitsfokus gerade in dem Moment eingerichtet, in dem der »Fluss des Unterrichts« stockt. Es fragt sich nun, ob auch andere Schüler/innen die Gelegenheit nutzen, die durch die Verspätung von SwH und die Bemerkung von SmB geschaffen wurde um sich vom Unterricht ablenken zu lassen. Die Wahrscheinlichkeit ist recht hoch, da – wie gesagt – das Unterrichtsgeschehen momentan deutlich an Attraktivität verloren hat. Es pausiert.

35 SmC: Hock dich hin

Nicht ganz ausgeschlossen ist, dass SmB es ist, der von SmC angesprochen wird, da er in seiner Aufregung über die Verspätung von SwH in die Höhe gegangen ist. Doch wahrscheinlich richtet sich SmCs Aufforderung eher an SwH, die nun Platz nehmen soll. Obwohl also der Gang des Unterrichts stockt – die Arbeitsblätter werden herumgereicht –, lässt sich SmC nicht in dem Sinne weiter ablenken, dass er an SmBs Äußerung anknüpft und sie weiter fortführt (z. B. indem er die Frage aufwirft, warum denn SwH so häufig zu spät kommt.)

Im Gegenteil, SmCs Beitrag zielt darauf, dass die Ordnung des Unterrichts, die durch das Zuspätkommen von SwH gestört und durch die Bemerkung von SmB gefährdet wurde, wieder rasch hergestellt wird. (Zu dieser Ordnung gehört auch, dass alle auf ihrem Platz sitzen.)

Von der Lehrerin wird der Vorfall einfach übergangen, sie geht weder auf SwH noch auf SmB ein. Man kann freilich sagen, dass dies angemessen ist, da die Schüler/innen die Sache selbst regeln. Bemerkenswert und erklärungsbedürftig ist das Verhalten der Lehrerin dennoch, da es in einem gewissen Widerspruch zu ihrer Reaktion auf SmD zu Beginn der Unterrichtsstunde steht. Dort hatte die Lehrerin auf eine nur antizipierte, nicht tatsächlich eingetretene Unterrichtsstörung massiv reagiert, jetzt scheint sie über eine tatsächlich stattgefundene und zudem auch schwerwiegende Unterrichtsstörung (und Verletzung der schulischen Norm der Pünktlichkeit) einfach hinwegzugehen. Aus der Sicht der Schüler/innen muss dieses Verhalten als widersprüchlich und inkonsequent erscheinen (und es könnte sein, dass sie deswegen der Lehrerin vorwerfen »ungerecht« zu sein.) Aus der Sicht des Interpreten bedarf es einer Erklärung für diese Diskrepanz im Verhalten der Lehrerin. Was könnte die Ursache für sie sein?

Entscheidend könnte der Zeitpunkt sein: Während der Anfang einer Unterrichtsstunde von Bedeutung für deren gesamten Verlauf ist und Bedingungen, die zu diesem Zeitpunkt nicht stimmen, sich nur schwer zu einem späteren korrigieren lassen, ist es verständlich und sinnvoll, wenn die Lehrerin dort sich mit Macht für die Einhaltung der Normen einsetzt. Als SwH den Raum betrat, war der Unterricht hingegen schon längere Zeit im Gange. Vor allem ist zu bedenken, dass zu diesem Zeitpunkt die erste Phase des Unterrichts bereits abgeschlossen war, genauer gesagt, der Lehrerin war es gelungen, den Unterricht bis zu dem Punkt zu führen, an dem es plausibel – und ihrer Ansicht zufolge sogar notwendig – war, dass Arbeitsblätter ausgeteilt werden. Es beginnt nun eine neue Phase und die Schülerin SwH tritt gerade an der Schnittstelle zwischen zwei Phasen ein. Und die zweite Phase kann nun trotz der Störung bzw. dem Fehlverhalten von SwH geordnet begonnen werden. Dabei darf jedoch nicht übersehen werden, dass die beiden Phasen des Unterrichts von deutlich verschiedener Qualität – vor allem für die Lehrerin – sind: Während die erste Phase eine große Herausforderung für die Lehrerin darstellte, verbunden mit einem hohen Risiko des Scheiterns – es war offen, ob es der Lehrerin gelingen würde, das Unterrichtsgespräch dahin zu führen, dass das Arbeitsblatt sinnvoll eingeführt werden kann (und die Rekonstruktion hat gezeigt, dass dieses Ziel nur mit Mühe erreicht wurde, über die Brüche ließ sich kaum hinwegtäuschen) –, ist nun der sichere Boden der Besprechung eines Arbeitsblattes erreicht. Das Risiko des Scheiterns ist nun wesentlich geringer, das Arbeitsblatt gibt ja ein gewisses Vorgehen vor und dieses ist für die Schüler/innen mit Blick auf dieses Blatt auch unmittelbar nachvollziehbar – und wenn der Unterricht dennoch scheitern sollte, muss sich die Lehrerin das Misslingen nicht subjektiv zuschreiben, sondern kann die Verantwortung dafür eben auf das Arbeitsblatt abwälzen.

Nicht zuletzt könnte auch die Einschätzung der Lehrerin in Bezug auf das Verhalten des Schülers bzw. der Schülerin entscheidend sein: Während es sich bei SmD offensichtlich aus ihrer Sicht um einen schwierigen Schüler handelt, dem man nicht früh genug in seine Grenzen weisen sollte, ist SwH für sie eventuell eine Schülerin, der gegenüber durchaus permissiv gehandelt werden kann – womöglich weil die Lehrerin sich sicher ist, dass SwH es nicht als Zeichen einer Schwäche ansieht, die sie in Zukunft ausnutzen wird.

36 (7:54)

Im Transkript ist die Uhrzeit vermerkt. Dies erlaubt die Feststellung, dass seit Beginn des Unterrichts bzw. der Aufnahme sechs Minuten vergangen sind.

37 LW: Haben die Kopien gereicht?

Die Lehrerin versichert sich mit dieser Frage, ob alle eine Kopie des Arbeitsblattes bekommen haben (und nicht einige Schüler/innen ohne Arbeitsblatt auskommen müssen, weil sie zu wenig Kopien mitgebracht hat.) Nur unter der Voraussetzung, dass dies geschehen ist – so ist anzunehmen –, wird sie im Unterricht fortfahren, d.h. den nächsten Schritt einleiten, der (aller Voraussicht nach) in der Besprechung des Arbeitsblattes bestehen wird.

37 Denke schon, oder?

Da die Klasse offensichtlich nicht reagiert hat, beantwortet die Lehrerin sich ihre Frage selbst. Doch weil eine gewisse Unsicherheit bleibt, fragt sie noch einmal mit einem »oder?« nach.

> 37 Habt ihr
> 38 alle etwas?

Die Klasse scheint immer noch nicht reagiert zu haben. Deswegen fragt die Lehrerin erneut. Allerdings wird ihre Frage nun diffuser: Natürlich haben alle »etwas«. Klar ist aber, dass es der Lehrerin um den Erhalt der Arbeitsblätter geht.

> 38 (5 sec Pause)

Die Lehrerin wartet ab. Die Blätter gehen immer noch herum. Das heißt, dass die Fragen der Lehrerin wohl rhetorisch waren: Sie dienten der Füllung der Pause – und die Schüler haben sie nicht beantwortet, weil ersichtlich war, dass in Kürze alle ein Blatt in der Hand halten würden.

> 39 Lw: O.k.!

Damit macht die Lehrerin eine Zäsur: Die Phase der Verteilung des Arbeitsblattes ist nun beendet. Da die Lehrerin davon ausgeht, dass nun alle ein Blatt haben, setzt sie dazu an, im Unterricht fortzufahren.

> 39 Wenn wir das gelesen haben, wissen wir, was ein Limerick
> 40 ist!

Nachträglich bietet die Lehrerin eine Erklärung für die Eingabe des Arbeitsblattes, eine Erklärung, die eigentlich schon an früherer Stelle hätte erfolgen können: Das Blatt enthält eine Antwort auf die Frage, was ein Limerick ist. Gleichzeitig aber gibt sie auch ein Versprechen, denn sie behauptet, dass die Definition des Limerick nicht – wie es der Bezeichnung des Blattes als »Arbeitsblatt« entsprechen würde – erarbeitet werden muss. Vielmehr müsse das Arbeitsblatt einfach nur gelesen werden, dann wisse man alles. Die Tatsache, dass das Gelesene ja noch verstanden werden muss, wird einfach ausgeblendet: Lesen allein soll genügen.

> 40 SwH, es ist o.k., wenn du zu spät kommst,

Diese Bemerkung überrascht. Verwunderlich ist zum einen, dass die Lehrerin jetzt auf ein Ereignis zu sprechen kommt, das schon eine Zeit lang zurückliegt, das verspätete Eintreffen der Schülerin SwH. Zum anderen stellt sich jetzt erst recht die Frage, warum die Lehrerin so unterschiedlich reagiert, warum sie zu Beginn der Stunde strikt auf die Konformität mit einer eng gefassten Vorstellung von der Ordnung des Unterrichts achtete, und nun, angesichts eines deutlich schwererwiegenderen Ereignisses, der Verletzung der Norm der Pünktlichkeit, dieses nicht nur billigend ignoriert, sondern explizit absegnet.

Irgendetwas muss vorgefallen sein, dass die Lehrerin dazu veranlasst, jetzt noch einmal auf das vorangegangene Ereignis einzugehen. Was könnte dies sein? Wurde Kritik an dem »ungerechten« Verhalten der Lehrerin geäußert, die nun dazu ansetzt, ihr Verhalten zu rechtfertigen? Dann würde freilich die Diskrepanz im Verhalten der Lehrerin und ihre »Ungerechtigkeit« nur noch deutlicher und für alle ofensichtlich. Vorstellbar ist aber auch, dass SwH ein zweites Mal auffällig geworden ist und nun ein »aber« folgt: Das Zu-spät-Kommen war die Lehrerin zwar bereit zu akzeptieren, was nun passiert, muss sie aber verurteilen, jetzt muss sie intervenieren.

> 40 aber wir
> 41 müssen jetzt nicht…

Die oben geäußerte Vermutung bestätigt sich: Während die Lehrerin dazu bereit war, die Verspätung der Schülerin zu tolerieren, scheint diese nun mit etwas beschäftigt zu sein, das der Lehrerin nicht passt. Eigentümlich ist die Art, wie die Lehrerin ihre Aufforderung an SwH, ihre Tätigkeit zu beenden, zum Ausdruck bringt. Eigentümlich ist, dass sie das Personalpronomen der 1. Person Plural verwendet und damit sowohl sich selbst als auch die ganze Klasse mit in ihre Aufforderung einschließt: Sie alle machen jetzt etwas zusammen und diese kollektive Beschäftigung muss nicht diejenige sein, die SwH momentan gewählt hat. Präsupponiert wird, dass alle dieser Beschäftigung unter bestimmten Bedingungen nachgehen können bzw. nachgehen müssen. Da diese Bedingungen aber nicht gegeben sind, kann man, so die Lehrerin, von dieser Beschäftigung ablassen und einer anderen Beschäftigung nachgehen. Man kann aber auch bei dieser Beschäftigung bleiben, könnte die Schülerin kontern. Und dann müsste die Lehrerin, will sie sich tatsächlich durchsetzen, will sie, dass SwH sich nun dem Arbeitsblatt zuwendet, nachlegen und dasjenige aussprechen, was sie bisher auszusprechen vermieden hat: ein klares Verbot. Und das heißt, sie müsste ihre Autorität gegenüber SwH geltend machen. Das aber tut sie nicht.

Betrachtet man sowohl das anfängliche Ignorieren des Fehlverhaltens von SwH durch die Lehrerin als auch die soeben analysierte Bemerkung, so erweist sich das Verhalten der Lehrerin gegenüber SwH als in sich äußerst konsistent, eben als systematisch permissiv: Erst reagiert die Lehrerin nicht auf ihre Verspätung, dann segnet sie diese ab und schließlich vermeidet sie es, SwH andere Beschäftigungen eindeutig zu verbieten.

42 SwH: Nein,

Das »Nein« wirkt unpassend. Entweder hätte SwH mit »ja« antworten und somit signalisieren können, dass sie verstanden hat und mit der von der Lehrerin unerwünschten Beschäftigung aufhört. Oder sie hätte der Lehrerin ein trotziges »Doch« entgegensetzen können: »Doch, wir müssen jetzt unbedingt…« oder »Doch, ich muss aber unbedingt…« Wie ist es aber zu verstehen, dass sie mit »Nein« antwortet? Auch das »Nein« kann so verstanden werden, als pflichte die Schülerin der Lehrerin bei: »Nein, wir müssen das nicht…« Es kann aber auch einfach als Widerspruch verstanden werden: »Sie haben Unrecht.« Die Schülerin SwH will dann entweder sagen: »Nein, ich störe im Moment doch gar nicht« bzw. »Nein, ich beschäftige mich nicht mit anderen Dingen.« Oder sie ist davon überzeugt, dass ihre Tätigkeit notwendig ist und will sagen: »Nein, wir müssen das doch tun.«

42 ich muss aber…

Jetzt wird klar, dass das »Nein« heißt: »Nein, ich störe nicht.« Und gleichzeitig wird gesagt: »Nein, sie haben Unrecht, wir müssen doch«, genauer gesagt, »ich muss doch.« Die verschiedenen Bedeutungen, genauer gesagt, beide Lesarten werden von der Schülerin zusammengezogen, die sich hier äußerst kryptisch ausdrückt.

Die Schülerin SwH will also der Lehrerin klar machen, dass sie nur dasjenige tut, was von ihr verlangt wird bzw. was die Situation von ihr verlangt – und die Lehrerin somit keinen Grund dafür hat, sie zu ermahnen. SwH erweist sich also als eine Schülerin, die sehr pflichtbewusst ist, zumindest sich als sehr pflichtbewusst darstellt. Dies könnte der Grund für das permissive Verhalten der Lehrerin ihr gegenüber sein.

42 Lw: Ja,

Die Lehrerin bekräftigt die Schülerin in ihrem Verhalten, zeigt sich damit einverstanden, dass diese gemäß gewissen Notwendigkeiten handelt. Obwohl sie zuvor das Verhalten von SwH anders gedeutet hat, akzeptiert sie nun deren Interpretation. Erneut reagiert sie also sehr nachsichtig.

43 du hast das Blatt vor dir liegen, mehr ist noch nicht.

Die Lehrerin beschreibt die Situation, in der sich SwH befindet, deutet sie stellvertretend aus und zwar so, dass deutlich wird, dass in dieser Situation (noch) kein Handlungsbedarf, keine Handlungsnotwendigkeit für die Schülerin besteht. Die Schülerin muss also nichts tun (und kann von ihrer, von der Lehrerin als störend empfundenen Beschäftigung ablassen.)

Die Lehrerin erweist sich an dieser Stelle als sehr geschickt, insofern sie nicht auf ihrer Deutung der Situation besteht, vielmehr diejenige der Schülerin übernimmt und dann auf der Basis dieser Interpretation ihre Forderung neu formuliert, nämlich dass die Schülerin solange nichts tut und sich ruhig verhält, bis die nächste Anweisung erfolgt. So vermeidet sie eine Diskussion über die Frage, was SwH tatsächlich gemacht hat, bekräftigt ihre Forderung und ermöglicht es der Schülerin, diese zu akzeptieren. An diesem Beispiel zeigt sich, dass ein permissives Verhalten durchaus sinnvoll und angebracht sein kann. Man kann es aber nicht als Teil der Lehrerrolle verstehen, da eine Rolle, wie Dahrendorf es erklärt hat, aus »sozialen Verhaltenserwartungen« besteht.[31] Eine erwartbare Permissivität der Lehrperson würde aber zur vollständigen Erosion dessen führen, was aus der Sicht der Rollentheorie so wichtig ist: ein stabiles Gefüge von Normen. »Pädagogische Permissivität« kann deswegen nur bedeuten, dass fall- bzw. situationsspezifisch entweder permissiv gehandelt wird oder auch nicht. Auch die Permissivität ist Teil der »Kunst« der Pädagogik, wie das obige Beispiel zeigt.[32]

Doch man kann die Äußerung der Lehrerin auch noch auf eine andere Weise verstehen: Die Lehrerin löst die Situation, indem sie

31 Dahrendorf, Ralf, Homo Sociologicus. Ein Versuch zur Geschichte, Bedeutung und Kritik der Kategorie der sozialen Rolle, Wiesbaden 1977.

32 Siehe hierzu Wernet, Andreas, Pädagogische Permissivität. Schulische Sozialisation und pädagogisches Handeln jenseits der Professionalisierungsfrage, Opladen 2003. Der oben formulierte Gedanke fehlt allerdings in den Ausführungen von Wernet.

dasjenige, was zunächst eine Unterrichtsstörung zu sein schien, als eine Aktivität deutet, die erwünscht, ja, gefordert ist, jedoch zum jetzigen Zeitpunkt zu früh erfolgt und deswegen noch aufgeschoben werden soll. SwH greift – so die Unterstellung – dem Unterrichtsgeschehen vor, ist schon einen Schritt weiter und wird von der Lehrerin nun (nicht wegen einer Unterrichtsstörung ermahnt, sondern) in ihrem Eifer gebremst. Diese Lesart würde bedeuten: An dieser Stelle des Unterrichts, in der Situation mit SwH kommt nicht die »negative Anthropologie«, der pädagogische Pessimismus zum Tragen. Und gerade weil dieser nicht zum Tragen kommt, weil die Lehrerin im Gegenteil die Aktivitäten von SwH wohlwollend deutet, kann die Situation leicht gelöst werden.

44 Wer möchte vorlesen?

Zu lesen ist freilich das Arbeitsblatt. Das heißt, die Sache mit SwH ist aus der Sicht der Lehrerin geklärt und es ist nun möglich, sich dem Arbeitsblatt zuzuwenden. Auf dieses richtet sie die Aufmerksamkeit der Klasse, es soll jetzt zur Kenntnis genommen werden. Dafür gibt es zwei Möglichkeiten: Entweder es wird leise von allen einzeln gelesen, oder eine Person liest es stellvertretend für die anderen laut vor, die gleichzeitig hören und den Text mit den Augen verfolgen können. Die Lehrerin hat sich für die zweite Möglichkeit entschieden und fragt, wer diese Aufgabe wahrnehmen will. Dabei geht sie davon aus, dass bei einigen Schüler/innen das Interesse daran vorhanden sein könnte.

44 SmC, lies mal (SmC meldet sich)

SmC wird von der Lehrerin aufgefordert zu lesen. Im Transkript ist vermerkt, dass er sich auf die Frage der Lehrerin hin gemeldet hatte, also willens ist die Aufgabe zu übernehmen (und nicht zu erwarten ist, dass er sich sträubt der Aufforderung der Lehrerin zu folgen.) Er hat sich, so könnte man sagen, mit seinem Melden darum beworben, die Aufgabe des Lesens übernehmen zu dürfen, und wurde sodann von der Lehrerin »drangenommen«, erhielt von ihr also das »Rederecht«, genauer gesagt, die Erlaubnis dazu, die Aufgabe des Vorlesens durchführen zu dürfen.

45 SmC: Themen, oder?

SmC stellt – sich rückversichernd – der Lehrerin die Frage, ob »Themen« richtig sind. Was könnte der Grund dafür sein? Zu vermuten ist, dass das Arbeitsblatt gegliedert ist und die einzelnen Abschnitte mit Überschriften versehen sind. Eine dieser Überschriften lautet eben »Themen«.

Was ist bei dieser Überschrift zu erwarten? Mit »Themen« kann eigentlich nur dasjenige gemeint sein, worauf sich Limericks inhaltlich beziehen. Das würde bedeuten, dass bei diesen doch nicht einfach – wie es die obige Definition besagte – Beliebiges zum Thema gemacht werden kann, sondern nur bestimmte Dinge thematisiert werden.[33]

SmC stellt eine Frage, er wartet jedoch nicht, bis eine Antwort erfolgt, sondern fährt sofort fort – vielleicht weil die Lehrerin nonverbal bzw. ohne dass es im Transkript festgehalten ist, ihm zustimmend geantwortet hat.

> 45 Der Limerick stammt angeblich aus Irland,
> 46 mindestens trägt er den Namen einer südirischen Stadt.
> 47 Sicher hat er etwas vom liebevollen, leicht verschrobenen
> 48 Humor der Iren mitbekommen.

In diesem Abschnitt geht es sowohl um die Herkunft des Limerick bzw. seines Namens als auch um ein erstes inhaltliches Merkmal: Er ist humorvoll. Merkwürdig ist, warum dieser Abschnitt die Überschrift »Themen« trägt, denn über die Themen, die in Limericks behandelt werden, sagt er eigentlich nichts aus. Fraglich ist zudem, warum SmC mit dem Vorlesen plötzlich abbricht. Wartet er nun auf eine Reaktion der Lehrerin?

> 49 Lw: O.k., die Aufgabe. Ziele können wir weglassen.

Tatsächlich scheint das Blatt klar gegliedert zu sein. Die Begriffe »Themen«, »Ziele« und »Aufgabe« sind wohl die Überschriften für die einzelnen Teile. Und die Lehrerin stellt klar, wie mit den einzelnen Teilen umgegangen werden soll.

33 Auch das Arbeitsblatt könnte zum Gegenstand der Analyse gemacht werden. Dies soll hier aber nicht geschehen, denn es genügt, diejenigen Elemente des Arbeitsblattes zu analysieren, die in den Unterricht bzw. das Unterrichtsgespräch tatsächlich eingegangen sind.

Derjenige Teil, der mit »Themen« überschrieben ist, wurde vorgelesen. Indem sie dies mit »o.k.« kommentiert, schließt die Lehrerin die Behandlung dieses Teils bereits ab. Das heißt, dass auf das Vorgelesene nicht weiter eingegangen und niemand dazu aufgefordert wird, es zumindest noch einmal mit eigenen Worten wiederzugeben. Die Lehrerin geht offensichtlich davon aus, dass dies nicht nötig ist, dass das bloße Lesen genügt, um den Text zu verstehen. Dies entspricht vollkommen ihrer obigen Ankündigung, die das Versprechen enthielt, man müsse den Text nur lesen, dann wisse man alles. Und es zeigt sich, dass dieses Versprechen nicht nur zwecks Motivation gegeben wurde, sondern die Lehrerin tatsächlich von ihm überzeugt ist und ihm entsprechend handelt. (Nur dann wäre das nicht der Fall, wenn die Lehrerin vorhat, erst das Blatt komplett mit der Klasse zu lesen und erst dann im Gespräch auf Einzelheiten einzugehen.)

Was könnte mit »Ziele« gemeint sein? Etwa die Ziele von Limericks? Haben Limericks denn Ziele? Wird mit ihnen eine bestimmte Absicht verfolgt? Der oben zitierten Definition lässt sich entnehmen, dass sie der Unterhaltung und Belustigung dienen. Ist dies mit »Ziele« gemeint? Die andere Möglichkeit wäre, dass es um die didaktischen Ziele geht, welche mit der Beschäftigung mit Limericks verfolgt werden. Und das würde bedeuten, dass die Überschriften des Arbeitsblattes auf unterschiedliche Ebenen bezogen sind, dass hier – ohne die Differenz genauer zu markieren – Teile zu unterschiedlichen Aspekten einfach nebeneinander gestellt werden: Das Arbeitsblatt bietet zum einen sachliche Informationen über den Unterrichtsgegenstand »Limerick« (unter der disparaten Überschrift »Themen«.) Zum anderen befinden sich auf ihm »Aufgaben«, also Anweisungen bezüglich dessen, was die Schüler/innen mit dem Arbeitsblatt tun sollen. Und der mit »Ziele« überschriebene Abschnitt kann sich auf beide Ebenen beziehen: Entweder er enthält weitere Informationen über Limericks, oder er bietet eine didaktische Reflexion über die Ziele, die mit einer Beschäftigung mit Limericks im Unterricht erreicht werden können.[34]

34 Durch einen kurzen Blick auf das Arbeitsblatt lässt sich die Sache rasch klären. Dort steht unter der Überschrift »Ziele«: »– Nonsensgedichte verfassen; – vorgeschriebene Form einhalten«. Als eine »didaktische Reflexion« lässt sich dies nicht bezeichnen. Vielmehr wird etwas formuliert, was sowohl als Aufgabenstellung als auch als Handlungsziel verstanden werden kann. Auffällig ist, dass die Einheit des Limerick aufgelöst wurde

Warum will die Lehrerin, dass der mit »Ziele« überschriebene Abschnitt übergangen und sofort die Aufgabenstellung vorgelesen wird? Für die Schüler/innen könnte es durchaus sinnvoll sein, entweder zu erfahren, was mit Limericks bezweckt wird, oder was das didaktische Ziel der Beschäftigung mit ihnen im Unterricht ist. Die Kenntnisse der Schüler/innen könnten vertieft oder das Unterrichtsgeschehen könnte transparent gemacht werden. Die Lehrerin sieht das aber offensichtlich anders und die Vermutung drängt sich auf, dass dies so ist, weil sie die Schüler möglichst rasch beschäftigen will: Die Vermittlung von (weiteren) Informationen über die Sache bzw. die Aufklärung über den Sinn des unterrichtlichen Geschehens ist ihr unwichtig – Hauptsache die Schüler/innen tun etwas.[35] Diese Prioritätensetzung entspricht der Hintergrundannahme der Lehrerin, auf die die Analyse schon öfters gestoßen ist: Die Auseinandersetzung mit der Sache ist unwichtig, ja, überflüssig, weil die Schüler/innen eh nichts verstehen werden – statt dessen sollen die Schüler/innen etwas tun. Die Frage aber wird sich stellen, ob die Schüler/innen überhaupt dazu in der Lage sein werden, die Aufgabe(n) zu lösen, wenn sie nicht vorher hinreichend sich die Sache intellektuell erschlossen haben.

49 SmA, lies mal

Nachdem sie zuvor gesagt hat, was gelesen werden soll, bestimmt sie jetzt jemanden, der dies tun soll. Im Unterschied zu der Situation kurz davor fragt sie nicht, wer lesen möchte, sondern fordert einen anderen Schüler unmittelbar dazu auf, mit dem Lesen fortzufahren. Da klar ist, was der Aufgerufene zu tun hat, ist das unvermittelte Drannehmen in dieser Situation nicht so sehr ein Disziplinierungsmittel, wie es das zu Beginn des Unterrichts war. Vielmehr ist es hier primär ein Mittel der Vereinfachung und Beschleunigung des Unterrichtsprozesses, der hier wie selbstverständlich abläuft. Und diese Selbstverständlichkeit ergibt sich daraus, dass es ein Arbeitsblatt gibt: Dieses gibt eine Struktur vor, der der Unterrichtsprozess einfach folgen kann. Hinzu kommt, dass die Lehrerin die Möglichkeiten des Umgangs mit ihm deutlich reduziert hat: Es soll (zunächst einmal)

und seine beiden wesentlichen Merkmale – zum einen den Inhalt, zum anderen die Form betreffend – hintereinander gesetzt und zu separaten Aufgaben bzw. Zielvorstellungen umgeformt worden sind.

35 Dabei wird in Kauf genommen, dass das Arbeitsblatt implizit entwertet wird – es scheint nur zum Teil wichtig zu sein.

nur vorgelesen werden, genauer gesagt, nur bestimmte Teile sollen gelesen werden.

> 50 SmA: Schau dir das Beispiel von Benny aus der 8. Klasse an

Das Arbeitsblatt bietet ein Bespiel. Ein Beispiel wofür? Anzunehmen ist, dass es um ein Beispiel für einen Limerick geht. Dieses Beispiel soll der Leser, der Schüler bzw. die Schülerin, an den/die der Arbeitsauftrag unmittelbar adressiert ist, sich »anschauen«.

Eigenartig ist, dass das Beispiel, das der Leser/die Leserin im Folgenden zur Kenntnis nehmen soll, von »Benny aus der 8. Klasse« stammt. Oben wurde doch erklärt, der Limerick sei irischer Herkunft. Ist Benny ein irisches Kind? Hinzu kommt, dass das folgende Beispiel offensichtlich kein aus dem Heimatland der Limericks stammendes »Original«, sondern ein schulisches Produkt ist: Benny ist ein Schüler aus der 8. Klasse, der versucht hat so zu dichten, wie es in Irland vorgemacht wurde. Den Lesern/innen des Arbeitsblattes wird so deutlich gemacht: Man muss kein Ire sein, um Limericks dichten zu können. Und da der Name »Benny« nicht für eine besondere Person, ein allgemein bekanntes Wunderkind, steht, sondern ein Platzhalter für einen einzelnen Schüler, eine einzelne Schülerin ist, heißt das: Jede/r Schüler/in, die/der (mindestens) die 8. Klasse besucht, ist dazu in der Lage, Limericks zu dichten.

Warum, zu welchem Zweck wird im Anschluss an die allgemeine Definition ein Beispiel für einen Limerick geboten? Prinzipiell sind zwei Zwecke denkbar: Zum einen könnte der Sinn dafür, dass ein Beispiel angeführt wird, darin bestehen, dass den Schülern/innen die allgemeinen Merkmale von Limericks exemplarisch veranschaulicht werden. Ihnen könnte dann entweder die Aufgabe gestellt werden aus diesem Beispiel die allgemeinen Merkmale von Limericks abzuleiten. (Die Schüler/innen könnten z. B. einfach gefragt werden, was ihnen an diesem Beispiel – in inhaltlicher und in formaler Hinsicht – auffällt.) Oder von ihnen könnte verlangt werden, dass sie prüfen, inwiefern die allgemeinen Merkmale an dem konkreten Beispiel wiederzuerkennen sind. Dies würde voraussetzen, dass die Schüler/innen vorweg über die spezifischen Merkmale, wie sie etwa im Brockhaus nachzulesen sind, informiert werden. (Sie befinden sich eventuell auch auf dem Arbeitsblatt.) Diese Operation kann freilich an einem schulischen »Imitat« genauso durchgeführt werden wie an einem »Original«. Würde es allein um sie gehen, wäre letzteres jedoch in dem Sinne besser, als es keine Differenz zwischen dem Unterrichtsgegenstand und dem »Objekt in der Welt« gäbe. Dass aber nicht ein »Original«, sondern ein schulisches Produkt präsentiert wird, lässt vermuten, dass es letztlich noch um einen anderen Zweck geht, nämlich darum, dass die Schüler/innen selbst Limericks »produzieren«.

Schließlich stellt sich noch eine weitere Frage: Warum stammt das Beispiel von Benny »aus der 8. Klasse« und nicht aus der 10. Klasse? Üblich ist es eigentlich, stets Material zu wählen, in dem Kinder oder Jugendliche vorkommen, die in demselben Alter wie die Schüler sind, die mit dem Material arbeiten sollen. Hier wird von diesem Prinzip abgewichen. Was immer der Grund dafür sein mag – vielleicht hat die Lehrerin einfach kein passendes Arbeitsblatt gefunden oder sie hatte keine Zeit dazu, es abzuändern oder hielt es einfach für überflüssig –, auf jeden Fall bekommen die Schüler/innen den Eindruck vermittelt, sie müssten sich mit dem Stoff der 8. Klasse beschäftigen. Es wäre nicht verwunderlich, wenn sie sich dadurch herabgewürdigt fühlen würden. Zudem wird ihnen dadurch ein Argument an die Hand gegeben um die Arbeit mit dem Arbeitsblatt zu verweigern: Die Aufgabe sei für 8. Klässler gedacht, sie aber seien aus dem Alter heraus, in dem man sich mit solchen »Kindereien« beschäftigt.

51 SwB: Bernie!

Die Schülerin SwB unterbricht SmA. Sie hat genau verfolgt, was er vorgelesen hat und ihr ist nicht entgangen, dass er einen Fehler gemacht hat. Da korrigiert sie ihn sofort.

52 SmA: Was?

SmA begreift nicht sofort, was SwB will. Entweder hält er es für möglich, dass er etwas falsch gemacht hat und will nun wissen, was es war. Oder er ist sich seines Verhaltens absolut sicher, fragt also aus der Überzeugung heraus keinen Fehler gemacht zu haben.

53 SwB: Da steht Bernie!

Nun wiederholt SwB noch einmal ihre Korrektur – mit dem Unterschied, dass sie nun einen ganzen Satz formuliert und zwar in der Annahme, dass SmA sonst nicht begreift, worin der von ihm gemachte Fehler liegt. Sie ist davon überzeugt, dass er sich verlesen hat.

54 SmA: Hab ich doch gesagt!

SmA lässt den Vorwurf, einen Fehler gemacht zu haben, nicht auf sich sitzen und weist ihn selbstbewusst zurück. Ob er dies zu Recht tut oder nicht, ließe sich nur entscheiden, wenn die Tonbandaufnahme noch einmal überprüft würde. Dem Transkript zufolge ist die Korrektur von SwB jedenfalls berechtigt.

55 SwB: Du hast Benny gesagt!

SwB ist ihrerseits aber auch hartnäckig und besteht auf ihrer Wahrnehmung, also auf der Behauptung, SmA habe einen Fehler gemacht. Wie könnte dieser Konflikt nun gelöst werden? Entweder einer der beiden gibt nach oder eine dritte Person erklärt, wer Recht hat. Diese dritte Person könnte ein/e andere/r Schüler/in sein oder die Lehrerin, die ihre Autorität nutzen könnte um die Kontroverse zu beenden – und um dafür zu sorgen, dass der Unterricht weiter vorangeht.

55 Ach, les einfach weiter

Eine Intervention der Lehrerin erübrigt sich, denn SwB konzediert nun, dass es eigentlich irrelevant ist, ob SmA »Benny« oder »Bernie« gesagt hat und erklärt damit indirekt, dass ihre obige Intervention überflüssig war. Nun will sie, dass der Konflikt beendet und im Vorlesen fortgefahren wird.

56 SmA: Es war mal ein Trio aus Rio
57 Die waren ganz aus auf (das)[36] Bio.
58 Sie aßen nur Korn
59 Aus dem Hause Reform
60 Und sangen laut: »O sole mio!«

Der Schüler SmA gibt SwB implizit Recht: Auch er will sich mit der Kontroverse nicht länger beschäftigen. Er liest das Beispiel vor. Dieses Beispiel genauer zu analysieren, ist nicht notwendig, es lohnt nicht, da das Gedicht wenig Sinn hat. Die entscheidende Frage ist, wie es im Folgenden im Unterricht behandelt wird.

61 Lw: O.k.,

36 Auf dem Arbeitsblatt befindet sich der Artikel »das«. Wenn er im Transkript fehlt, so kann die Ursache dafür entweder darin liegen, dass SmA sich verlesen oder der Transkribent nicht genau genug hingehört hat.

Die Lehrerin setzt mit ihrem »O.k.« eine Zäsur. Das »O.k.« kann sich zum einen beziehen auf das Vorlesen von SmA, mit dem die Lehrerin sich einverstanden erklärt. Zum anderen kann aber auch die Kenntnisnahme des Beispiels mit ihm »abgehakt« werden. Dann würde mit ihm implizit gesagt: »Auch das Beispiel ist klar. Auf es einzugehen, es zu kommentieren o. ä. ist nicht erforderlich. Gehen wir zum nächsten Schritt über.«

61 SwE

Warum nimmt die Lehrerin SwE dran? Hat diese sich gemeldet und will eine Frage stellen oder einen Kommentar zu dem Bespiel abgeben? Oder wird sie von der Lehrerin einfach drangenommen – damit sie das Beispiel kommentiert oder damit sie weiter vorliest?

62 SwE: Ein Limerick ist ein Gedicht, das aus fünf Zeilen
63 besteht.
64 Die Zeilen 1, 2 und 5 sind gleich lang und reimen sich – die
65 Zeilen 3 und 4 sind kürzer und reimen sich auch.
66 Kurzformel: a-a-b-b-a
67 Der Inhalt ist weniger wichtig als die Form: Er darf
68 widersinnig und sicher nicht bierernst gemeint sein.
69 Hauptsache, die Form stimmt!
70 In der ersten Zeile kommen eine oder mehrere Personen vor,
71 manchmal auch Tiere. Der Name eines Ortes gehört ebenfalls
72 dazu, was allerdings mehr dem Reimen als der geografischen
73 Genauigkeit dient.

Zwei Dinge sind an dieser Stelle festzuhalten: Zum einen ist mit Bezug auf das vorgelesene Beispiel zu vermerken, dass auf dieses in keiner Weise eingegangen wird – es wurde einfach vorgelesen und dabei blieb es. Zum anderen ist festzuhalten, dass oben noch die Möglichkeit eines induktiven Vorgehens bestand, bei dem die allgemeinen Merkmale von Limericks aus einem Beispiel abgeleitet werden. Jetzt aber ist diese Möglichkeit getilgt, die Merkmale sind genannt, und nun kann den Schüler/innen nur noch die Aufgabe gestellt werden, beides – das konkrete Beispiel und den Katalog abstrakter Merkmale – in Beziehung zueinander zu setzen und eins an dem anderen abzugleichen und/oder kreativ zu werden. Warum geschieht das? Warum hat die Lehrerin die Merkmale von Limericks einfach vorlesen lassen?

Auf diese Frage könnte einfach mit der Gegenfrage geantwortet werden: Warum hätte die Lehrerin dies nicht tun sollen? Denn das induktive Vorgehen scheint völlig überflüssig zu sein angesichts dessen, dass die Merkmale doch auf dem Arbeitsblatt nachgelesen werden können. Doch die Lehrerin hätte entweder die Schüler/innen bitten können nicht weiterzulesen oder das Arbeitsblatt bei der häuslichen Vorbereitung anders gestalten, die Liste mit den Merkmalen aus ihm entfernen können. Warum hat sie das nicht getan? Naheliegend ist es, erneut die »negative Anthropologie« in Anschlag zu bringen – die Lehrerin ist skeptisch im Hinblick darauf, ob die Schüler/innen die anspruchsvolle Operation des Erschließens der besonderen Merkmale (eventuell auch mit Hilfe eines Vergleichs mehrerer Beispiel-Gedichte) durchführen können – und an die Ankündigung der Lehrerin zu erinnern, das Arbeitsblatt enthalte eine Definition, die nicht zu erarbeiten, sondern einfach zur Kenntnis zu nehmen sei. Doch kommt an dieser Stelle noch ein weiteres Motiv hinzu: Ein induktives Vorgehen würde viel Zeit kosten, ja, es würde soviel Zeit in Anspruch nehmen, dass diese Erarbeitungsphase den Schwerpunkt der Stunde ausmachen würde und die Eigenschaften von Limericks im Zentrum der Stunde stehen würden (und das oberste Lernziel in der Erkenntnis dieser Eigenschaften läge.) Dass die Merkmale von der Lehrerin einfach vorgegeben werden, weist darauf hin, dass ein anderer Schwerpunkt gelegt werden soll und die Vermutung wurde bereits geäußert, dass dieser in der Produktion von Limericks liegen wird.

> 74 Lw: O.k.!

Wieder macht die Lehrerin eine Zäsur und bringt ihr Einverständnis mit dem Geschehenen zum Ausdruck.

> 74 Ist das klar?

Die Lehrerin fragt nach, ob das Vorgelesene verstanden wurde und bietet somit den Schülern/innen die Möglichkeit, Fragen zu stellen und Verständnisprobleme zu artikulieren. Dass es solche gibt, ist eigentlich ziemlich wahrscheinlich. Kann man sich etwa vorstellen, dass alle Schüler/innen der Klasse wissen, was mit »Kurzformel: a-a-b-b-a« gemeint ist?

Dass die Lehrerin nachfragt, ist erneut ein Indiz für ihre Professionalität: Es gehört zu den Selbstverständlichkeiten des Unterrichtens, ist gewissermaßen eine pädagogische Norm, sich als Lehrperson immer wieder zu versichern, dass alle Schüler/innen mitkommen und die Sachverhalte, die im Unterricht auftauchen, verstehen. Die Frage der Lehrerin ist jedoch ambivalent, denn die Lehrerin hatte ja zuvor erklärt, dass es eigentlich keine Verständnisschwierigkeiten im Hinblick auf die Definition von Limericks geben könne. Wenn jemand nun erklärt, dass er das Vorgelesene bzw. Teile von ihm nicht kapiert, so kann es nicht daran liegen, dass die Sache zu kompliziert ist, sondern nur an den intellektuellen Fähigkeiten des Fragenden. Das heißt, in einer Nachfrage, in dem offenen Eingeständnis etwas nicht verstanden zu haben, könnte die Lehrerin eine weitere Bestätigung für ihren pädagogischen Pessimismus sehen: Der Schüler, der fragt, ist so dumm, dass er die einfachsten Zusammenhänge nicht versteht, ja, dass er nichts versteht, obwohl es doch eigentlich gar nichts zu verstehen gibt.

> 74 Also,

Da davon ausgegangen werden kann, dass die Aufnahme richtig transkribiert wurde, muss festgestellt werden, dass die Lehrerin keine Pause macht (sie wäre sonst vermerkt), den Schülern/innen also keine Zeit gibt, sich die Definition noch einmal in Ruhe anzuschauen und eventuelle Fragen zu formulieren. Vielmehr fährt sie unmittelbar fort und zwar mit einem »also«, das hier nicht die Funktion hat eine Schlussfolgerung anzukündigen, sondern zu markieren, dass nun zum nächsten Schritt übergegangen wird. Es zeigt sich also, dass die zuvor gestellte Frage nicht ernst gemeint war – die Lehrerin erfüllte nur formal ihre Pflicht. Und der Widerspruch der Frage zu der Annahme, hier gebe es eh nichts zu verstehen, löst sich auf, bzw. kann er erst gar nicht zur Entfaltung kommen.

> 74 wenn ihr euch das Beispiel
> 75 anguckt,

Die Aufmerksamkeit der Schüler/innen wird zurückgelenkt nicht auf die Definition, sondern auf das Beispiel. Da die Definition schon gelesen wurde und es folglich keinen Sinn mehr macht, sie aus dem Beispiel zu entwickeln, kann es nun nur darum gehen, Beispiel und Definition miteinander in Beziehung zu setzen und das heißt, die abstrakt formulierten Merkmale an dem Beispiel in concreto wiederzuentdecken. Die Liste der allgemeinen Merkmale wird so zu einem Maßstab, gewissermaßen zu einer Checkliste, mit deren Hilfe darüber entschieden werden kann, ob das Beispiel ein »richtiger« Limerick ist oder nicht.

> 75 überprüfen wir noch mal, was ein 100%iger Limerick
> 76 ist.

Die Formulierung scheint sprachlich ungenau zu sein, denn nimmt man sie wörtlich (unter der Prämisse, dass sie sich auf das Beispiel bezieht), so besagt sie, dass das Beispiel ein 100%iger Limerick ist. Dann gibt es aber nichts mehr zu überprüfen. Anders wäre es, wenn die Lehrerin gesagt hätte: »Überprüfen wir, ob das Beispiel der Definition 100%ig entspricht.« Das würde bedeuten, dass tatsächlich der Merkmalskatalog des Arbeitsblattes zu einem Maßstab gemacht wird, an den das Beispiel angelegt werden soll. Und dieser Maßstab dient nicht, so wird nun unterstellt, der absoluten und klaren Unterscheidung zwischen einem Gedicht, das ein Limerick ist, und einem solchen, das keines ist. Vielmehr erlaubt er graduelle Unterscheidungen: Ein Gedicht kann zu 100 Prozent dem Merkmalskatalog genügen, es kann aber auch nur teilweise, also zu einem geringeren Prozentsatz dem Katalog entsprechen. Aber wie sollte sich dies quantitativ fassen lassen? Stehen die einzelnen Merkmale für bestimmte Prozentzahlen? Und kann man dann ab einer bestimmten Prozentzahl sagen, dass ein Gedicht *kein* Limerick mehr ist? Ab welcher Prozentzahl sollte dies möglich sein? Wird die Formulierung der Lehrerin so verstanden, stellen sich also Fragen, die kaum zu beantworten sind. Die Formulierung erweist sich dann als unpassend – hier werden qualitative Eigenschaften mit Quantitativem zusammengebracht.

Die Intention, die hinter der Formulierung steht, ist freilich klar: Die Schüler/innen sollen bei der Überprüfung des Beispiels mit Hilfe des Merkmalskataloges genau vorgehen und zwar so genau wie bei einer mathematischen Rechnung. Wie bei einer Addition von mehreren Zahlen keine einzige Zahl einfach übergangen werden darf, wenn das Endergebnis stimmen soll, so wird von den Schüler/innen erwartet, dass sie Schritt für Schritt die allgemeinen Merkmale an das Beispiel heranführen und eines nach dem anderen überprüfen. Ist jedes Merkmal »gecheckt« und mit einem Häkchen versehen, dann liegt ein 100%iger Limerick vor.

Welche Anforderungen stellt die Aufgabe an die Schüler/innen? Die Überprüfung erfordert, dass die verschiedenen Elemente des Katalogs isoliert und systematisch auf das Beispiel bezogen werden. Dabei werden die Schüler/innen sich bewusst machen müssen, was die Elemente im Einzelnen bedeuten. Dann wird sich zeigen, ob die Schüler/innen tatsächlich die Merkmale verstanden haben oder gegebenenfalls noch offene Fragen geklärt werden müssen. Eventuell wird die Aufgabe auch dazu führen, dass die Schüler/innen sich auf diese Weise die verschiedenen Merkmale ein wenig einprägen.

Wie könnte nun die Überprüfung vonstatten gehen? Zwei Möglichkeiten sind denkbar: Entweder die Lehrerin lässt die Schüler/innen alleine arbeiten, es beginnt also eine Stillarbeitsphase, in der die Schüler/innen die Checkliste durchgehen. Oder die Liste wird gemeinsam – in der Form eines Lehrer-Schüler-Gesprächs – bearbeitet. Ersteres würde voraussetzen, dass die Schüler/innen die verschiedenen Merkmale tatsächlich verstanden haben – nur dann sind sie zu dem »Transfer« in der Lage. Letzteres ist insofern weniger riskant und voraussetzungsvoll, als die Lehrerin gegebenenfalls unmittelbar auf Probleme reagieren und bei deren Lösung behilflich sein kann.

> 76 Die Punkte, die da aufgeführt sind.

Die Lehrerin fordert die Schüler/innen nicht zur Stillarbeit auf, sondern geht noch einmal auf die Merkmale auf dem Arbeitsblatt ein. Warum?

> 76 Also die Zeilen. Es
> 77 muss aus fünf Zeilen bestehen, macht es das?

Die Lehrerin greift das erste Merkmal auf, hat sich also nun definitiv gegen die Möglichkeit der Stillarbeit entschieden und will die Überprüfung im Rahmen eines Lehrer-Schüler-Gesprächs vornehmen. Damit begibt sie sich insofern in einen Widerspruch, als sie auf der einen Seite davon ausgeht, dass die Schüler/innen den Merkmalskatalog verstanden haben, auf der anderen Seite ihnen aber offensichtlich nicht zutraut, eigenständig mit ihm umzugehen. Sie verhält sich so, als seien die Schüler/innen auf ihre Hilfe angewiesen.

Nun kommt noch hinzu, dass die Lehrerin die Schüler/innen nicht einmal selbst das erste Merkmal »reproduzieren« lässt, sondern selbst nennt, so dass sich die Aufgabe, die die Schüler/innen zu bewältigen haben, darauf reduziert, mit »ja« oder mit »nein« zu antworten. Soll der Haken gemacht werden oder nicht? Die Leistung, die vollbracht werden muss um dies zu entscheiden, besteht einfach darin, die Zeilen des Beispiel-Gedichtes zu zählen. Sind es fünf an der Zahl?

78 SmD: Nein!! Ah, doch, mein ich!

Der Schüler SmD gibt erst eine falsche Antwort, korrigiert sich dann aber sofort. Der Ausruf »ah« verweist auf die plötzliche Einsicht, die sich bei genauerem Hinsehen ergab, mit »mein ich« unterstreicht SmD noch einmal, dass die korrigierte Antwort die ist, die er letztlich geben will.

79 Lw: (ruft) SmF, SmF

Warum ruft die Lehrerin einen weiteren Schüler auf? Hat er vielleicht gestört? (Das ist eigentlich ausgeschlossen, da im Transkript kein störendes Verhalten vermerkt ist.) Oder erwartet sie von ihm, dass er eigenständig weitergeht, also das nächste Merkmal aufgreift und auf das Beispiel bezieht? Und warum geht die Lehrerin nicht auf die Antwort von SmD ein?

80 SmF: Ja?

Der Schüler SmF reagiert so, als wisse er nicht, warum die Lehrerin seinen Namen genannt hat. Verschiedene Gründe sind dafür vorstellbar: Entweder ist SmF irritiert angesichts dessen, dass die Frage, die die Lehrerin gestellt hat, schon von SmD beantwortet wurde. Oder er war unaufmerksam und gibt einfach zu erkennen, dass er zwar gemerkt hat, dass er angesprochen wurde, aber nicht weiß, warum. Schließlich besteht noch die Möglichkeit, dass er tatsächlich gestört hat. Dann impliziert das fragende »ja« die Behauptung der eigenen Unschuld: Warum sprechen sie mich an? Ich habe doch gar nichts getan.

81 Lw: Hast du dich gemeldet?

Grund für die Adressierung von SmF scheint also eine körperliche Bewegung gewesen zu sein, die die Lehrerin nicht eindeutig hat interpretieren können. Deswegen fragt sie SmF, ob sie diese Bewegung richtig deutet, wenn sie sie als Zeichen versteht, mit dem SmF den Wunsch signalisiert, von der Lehrerin drangenommen zu werden.

82 SmF: Klar meld ich mich.

Die Lehrerin hat die körperliche Bewegung von SmF richtig gedeutet. SmF bestätigt dies so entschieden, als sei die Frage, die die Lehrerin gestellt hat, völlig abwegig. Es würde nicht wundern, wenn nun die selbstbewusste Rückfrage an die Lehrerin erfolgen würde, wie sie darauf kommt, an seiner Absicht sich zu beteiligen zu zweifeln.

Unklar bleibt, warum SmF nicht sofort auf die erste Adressierung durch die Lehrerin so reagierte, dass er gesagt hat, was er hat sagen wollen, als er sich meldete. Möglicherweise war er aber tatsächlich zunächst abgelenkt und überspielt nun mit einer überaus selbstbewussten Reaktion, dass er nicht sofort verstanden hat, was die Lehrerin von ihm will. Oder er behauptet einfach sich gemeldet zu haben um von der Lehrerin nicht wegen seinem störenden Verhalten oder seiner Unaufmerksamkeit getadelt zu werden. Das würde freilich implizieren, dass er sich zutraut, ohne zuvor aufmerksam gewesen zu sein einen sinnvollen und weiterführenden Beitrag zum Unterricht leisten zu können.

82 Es besteht schon aus fünf Zeilen.

SmF beantwortet die Frage der Lehrerin erneut. Das lässt darauf schließen, dass er tatsächlich unaufmerksam war und nicht mitbekommen hat, dass die Frage schon längst (von SmD) beantwortet worden ist.

82 Da
83 steht, die Zeilen 1,2 und 5 müssen gleich lang sein.

Offensichtlich hat SmF doch aufgepasst und hat mitbekommen, dass sein Mitschüler SmD die Frage der Lehrerin bereits beantwortet hat, hat sogar dessen Unsicherheit registriert und vielleicht deswegen die Antwort noch einmal wiederholt. Dabei bleibt er allerdings nicht stehen, sondern geht auf das zweite Merkmal ein. Indem er nicht abwartet, bis die Lehrerin es aufgreift, sondern es selbst nennt, befreit er sich ein Stück weit vom Gängelband der Lehrerin, die das Anforderungsniveau so sehr heruntergeschraubt hatte, dass die Schüler/innen nur noch »ja« oder »nein« sagen mussten, und zeigt, dass er dazu in der Lage ist, selbstständig ein einzelnes Merkmal in dem Katalog zu identifizieren, es herauszulösen und zu reproduzieren.

SmF erweist sich somit als jemand, der sich – nicht explizit, nicht direkt, aber dennoch deutlich – gegen die Behandlung der Lehrerin zur Wehr setzt und bei dem der Wille zur Selbstbehauptung erkennbar ist. Dieser äußerte sich zunächst in der entschiedenen und selbstbewussten Klarstellung, dass er sich gemeldet hat. Angesichts dessen, dass er – wie die Analyse zwar nicht sicher gezeigt, aber doch vermuten lassen hat – nicht gestört, sondern aufmerksam den Unterricht verfolgt hat, kann diese Klarstellung nun interpretiert werden als Entgegnung gegen Zweifel an seiner Bereitschaft zur Mitarbeit im Unterricht. Genauer gesagt, SmF hat die Frage der Lehrerin so gedeutet, als wolle sie sagen: »Ich kann mir nicht vorstellen, dass du dich meldest. Es kann nicht sein, dass du eine Antwort auf die von mir gestellte Frage hast und dich konstruktiv am Unterricht beteiligen willst.« Dagegen setzte er sich zur Wehr mit der Behauptung: »Natürlich habe ich mich gemeldet, ich will etwas sagen, will mitarbeiten.« Und dass er unaufgefordert zu dem zweiten Merkmal übergeht, impliziert die Botschaft: »Der Transfer ist nicht so schwierig, dass eine weitere Vereinfachung notwendig wäre. Zu ihm bin ich auch ohne Ihre Hilfestellung in der Lage.«

Das Verhalten von SmF richtet sich, so lässt sich das Gesagte zusammenfassen, gegen die »negative Anthropologie« der Lehrerin – und zwar auf zwei Ebenen, bezogen auf die Ebene der Motivation und Kooperationsbereitschaft sowie auf die Ebene der kognitiven Fähigkeiten der Schüler/innen.

> 84 Also, die
> 84 ersten zwei haben sieben Wörter, alle beide.
> Die fünfte Zeile
> 85 hat sechs Wörter.

SmF hat die Wörter in den drei Zeilen nachgezählt und präsentiert nun sein Ergebnis. Das Zählen kostete freilich Zeit – man kann nicht mit einem Blick die Zahl der Wörter in drei Zeilen erfassen –, muss also vorher schon geschehen sein. Darin liegt eine weitere Bestätigung der Annahme, dass SmF nicht spontan versucht hat sich aus einer für ihn unangenehmen Situation, die dadurch entstanden ist, dass die Lehrerin ihn angesprochen hat, ohne Gesichtsverlust herauszuwinden. Vielmehr kann vermutet werden, dass er gerade in dem Moment von der Lehrerin aufgerufen wurde, als er noch mit dem Zählen der Wörter beschäftigt war.

Nun taucht allerdings ein schwerwiegendes Problem auf, denn es zeigt sich, dass die Anzahl der Wörter in den Zeilen 1, 2 und 5 gar nicht gleich ist: Zwei Zeilen bestehen aus sieben Wörtern (Zeile 1 und 2), die dritte aber nur aus sechs Wörtern (Zeile 5.) Lässt sich angesichts dieser Differenz noch davon sprechen, dass die Zeilen 1, 2 und 5 »gleich lang« sind? Erfüllt das Beispiel noch dieses Kriterium und kann es trotz dieser Differenz als ein Limerick angesehen werden? Ist es jetzt noch ein 100%iger Limerick oder müssen einige Prozentpunkte abgezogen werden? Wenn ja: wie viele? Und wie misst man überhaupt die Länge von Zeilen? Ist es richtig, von der Anzahl der Wörter auszugehen oder müssen vielleicht die Silben gezählt werden? Hier tun sich einige Fragen auf und es wird deutlich, dass der Merkmalskatalog doch nicht so einfach zu verstehen und entsprechend auch nicht so einfach (zum Transfer) zu handhaben ist, wie es zunächst den Anschein hatte.

Es wurde oben gesagt, dass die »Rationalität« der Durchführung des Transfers in der Form des Lehrer-Schüler-Gesprächs darin besteht, dass so die Voraussetzungen günstiger (als bei einer Stillarbeit) dafür sind, dass die Lehrerin helfend intervenieren kann. Jetzt ist der Fall eingetreten, ein Problem »liegt auf dem Tisch«. Wie reagiert die Lehrerin nun auf dieses?

> 86 Lw: O.k.! Ich denke, das eine Wort ist nicht so
> 87 ausschlaggebend,

Zunächst bestätigt die Lehrerin den Schüler mit einem »o.k.«: Es war richtig, dass er die Länge der Zeilen über die Zählung der Wörter bestimmt hat. Und das Ergebnis, zu dem er gekommen ist, die Anzahl der Wörter, ist ebenfalls richtig. Dann gibt sie auch eine Antwort auf die Frage, ob das Beispiel, obwohl es nicht 100%ig die Kriterien des Merkmalskatalogs erfüllt, als Limerick anzusehen ist: Ihrer Meinung nach kann die kleine Abweichung vernachlässigt werden. Allerdings macht sie mit dem »ich denke« auch deutlich, dass sie sich hier nicht ganz sicher ist.

Für die Schüler ist damit freilich das Problem nicht gelöst, sondern wird nur noch komplizierter: Muss nun ein Gedicht 100%ig den auf dem Arbeitsblatt zu lesenden Merkmalen entsprechen um ein Limerick zu sein oder nicht? Offensichtlich nicht. Doch wie lässt sich entscheiden, ob eine Abweichung von der Definition unbedeutend ist oder nicht? Kann ein Limerick z. B. auch aus sechs oder vier statt aus fünf Zeilen bestehen? (Es geht doch nur um eine Zeile – wie eben nur um ein Wort.) Wie lässt sich das entscheiden? Muss man dafür die Lehrerin fragen? Aber die scheint sich auch nicht ganz sicher zu sein. Oder können die Schüler/innen auch eigenständig entscheiden, ob eine Abweichung zu vernachlässigen ist oder nicht? Aber wie wird sich dann die Lehrerin dazu verhalten, wird sie das akzeptieren?

Die Probleme, in die der Unterricht an dieser Stelle gerät, die Fragen, die sich hier stellen, die aber letztlich nicht beantwortet werden können, hätten vermieden werden können, wenn die Lehrerin induktiv und nicht deduktiv vorgegangen wäre. Warum das deduktive Vorgehen in diesem Fall problematisch ist, tritt hier in aller Deutlichkeit zu Tage: Dieses Vorgehen führt zu einem verdinglichten Verständnis der auf dem Arbeitsblatt genannten Merkmale. Es ist ja faktisch nicht so, dass erst diese Merkmale existierten und dann entsprechende Gedichte produziert wurden. Vielmehr gibt es eine Vielzahl von Gedichten, die alle irgendwie einander ähneln und deren Gemeinsamkeiten man zu fassen versucht hat. Auf diese Weise ist der Merkmalskatalog entstanden, der auf dem Arbeitsblatt zu finden ist. Dieser Katalog ist aber in sich problematisch, da er ein Abstraktum darstellt, das durch die Realität in vielfacher Weise in Frage gestellt wird. Auf dem Weg eines induktiven Vorgehens hätte den Schüler/innen diese Tatsache bewusst gemacht, ihnen hätte – etwa durch einen Vergleich von mehreren Limericks – gezeigt werden können, dass es zwar unübersehbare Gemeinsamkeiten gibt, dass diese aber nicht als absolut geltende Normen misszuverstehen sind.[37]

Tendenziell kann das Vorgehen der Lehrerin zur Folge haben, dass die Schüler/innen alles nicht mehr so wichtig nehmen: Wir beschäftigen uns hier zwar mit »Stoff«, mit Elementen einer Definition, letztlich muss aber alles nicht so ernst genommen werden.

> aber welches Kriterium erfüllen sie denn, die
> Zeilen 1,2 und 5?

37 Die Definition, wie sie in den Unterricht eingeführt wird, ist ein gutes Beispiel dafür, was Gruschka im Rahmen seiner Reformulierung der didaktischen Pyramide einen »Unterrichtsgegenstand« nennt: Für den Unterricht, für die Schule ist ein solcher Merkmalskatalog insofern geeignet, als er (scheinbar) leicht handhabbar, leicht lernbar und leicht abfragbar ist. Er ist aber das künstliche Produkt einer »didaktischen Präparation«. Auf dem Weg eines induktiven Vorgehens hätte dies, wie gesagt, deutlich gemacht werden können. Siehe Gruschka, Andreas, Didaktik. Das Kreuz der Vermittlung. Elf Einsprüche gegen den didaktischen Betrieb, Wetzlar 2002.

Die Lehrerin scheint schnell über das aufgetretene Problem hinweggehen und zu dem nächsten Merkmal überleiten zu wollen. Implizit sagt sie jedoch, dass das von SmF aufgeführte Kriterium, das sich auf die Länge der ersten, zweiten und fünften Zeile bezieht, in dem Beispiel nicht erfüllt wird: Dieses Kriterium wird nicht erfüllt, aber ein anderes. Welches das ist, will sie nun von den Schülern/innen wissen, genauer gesagt, welches andere Kriterium, das sich auf dieselben Zeilen bezieht. Das Problem, mit dem die Lehrerin offensichtlich nicht gerechnet hat, als sie vollmundig von einem 100%igen Limerick gesprochen hat, stellt sich hier erneut: Müssen nicht alle Kriterien erfüllt sein? Gibt es Kriterien, die wichtig sind, und solche, die es nicht sind? Wie lässt sich das entscheiden?

89 (Zwei Schüler rufen wild durch die Klasse)

Worauf die Lehrerin mit ihrer Frage abzielt, ist eigentlich klar: auf die Tatsache, dass die drei Zeilen sich reimen. Warum nun »wild durch die Klasse« gerufen wird, ist aber nicht klar: Wollen die zwei Schüler eine Antwort geben? Sehen sie womöglich, dass sie nicht alleine sich melden und wollen die Lehrerin auf sich aufmerksam machen, damit sie – und nicht der/die Andere – drangenommen wird? Oder protestieren sie gegen das Vorgehen der Lehrerin?

90 Lw: Ich muss jetzt nix sagen, o.k.?

Zuvor hatte die Lehrerin noch das Merkmal erwähnt, um das es gehen und das auf das Beispiel bezogen werden soll, jetzt will sie sich enthalten. Mit ihrer Bemerkung »ich muss jetzt nix sagen« hebt sie dies deutlich hervor: Sie könnte den Schülern/innen helfen, sie könnte das Merkmal nennen, aber sie hält sich zurück. An die Schüler/innen geht das Signal: »Ich erwarte jetzt, dass ihr selbst auf die Antwort kommt.« Möglicherweise bezieht sich die Lehrerin mit ihrer Äußerung auf die Zwischenrufe der beiden Schüler. Das würde bedeuten, dass sie diese als Ausdruck dafür interpretiert, dass die Schüler/innen nicht weiter kommen, also Probleme damit haben, die Frage der Lehrerin zu beantworten. Aber angesichts dieser Schwierigkeiten ist die Lehrerin hart – sie weigert sich ihnen zu helfen. Grundsätzlich ist sie ja schon dazu bereit, ihnen Hilfestellung zu leisten, jetzt aber nicht.

Denkbar ist aber auch, dass die Rufe der Schüler keineswegs Ausdruck von Schwierigkeiten, sondern im Gegenteil von dem Willen eine Antwort zu geben sind. Dann bräuchte die Lehrerin eigentlich gar nichts zu sagen. Und die Frage ist dann, ob die Lehrerin nicht eigentlich weiß, dass die Schüler keine Hilfe brauchen. Ihre Bemerkung wäre dann gespielt – und würde ihr im Anschluss an die richtige Antwort von Seiten der Schüler/innen die Möglichkeit dazu eröffnen, weiter zu spielen, also eine Freude darüber zum Ausdruck zu bringen, dass die Schüler/innen, die zuvor noch auf ihre Hilfe angewiesen waren, nun dazu in die Lage versetzt wurden, selbständig die an sie gestellten Anforderungen zu bewältigen. Sie würde sich und den Schülern/innen einen Lernfortschritt suggerieren. Faktisch handelt es sich aber hier um eine ganz einfach zu beantwortende Frage: Die Schüler/innen müssen nur noch einmal auf das Arbeitsblatt schauen, das nächste Merkmal identifizieren und auf das Beispiel beziehen.

91 SwF: Die reimen sich, die letzten Wörter

SwF gibt die richtige Antwort.

92 Lw: Genau!

Die Lehrerin bestätigt die Richtigkeit der Antwort von SwF. Die Bestätigung erfolgt jedoch in einer Art und Weise, die fast schon übertrieben wirkt. Denn »genau« kann kaum im Sinne von »präzise« gemeint sein – denn wie würde hier eine ungenaue, eine unpräzise Antwort lauten? Das »genau« kann hier eigentlich nur als Ausdruck einer Begeisterung gedeutet werden, die eben gespielt wirkt. Diese Wirkung resultiert auch daher, dass das »genau« mit einem Ausrufezeichen versehen ist. Wegen ihm muss davon ausgegangen werden, dass die Lehrerin nicht »einfach«, d. h. nüchtern, gelassen und unemotional die Antwort von SwF bestätigt, sondern mit besonderem Nachdruck. Für SwH enthält die Reaktion der Lehrerin deswegen mehr als nur eine Bestätigung, nämlich auch ein Lob: »Das hast du gut gemacht.« Und für den Rest der Klasse gewinnt die Äußerung der Lehrerin den Charakter eines Appells: »Merkt auf, hier hat jemand etwas Richtiges gesagt.« Die mit der Äußerung verbundene Intention ist, wie gesagt, alle – sowohl SwH als auch den Rest der Klasse – zu mehr Beteiligung zu motivieren.

Das mit Nachdruck geäußerte »genau« ist aber auch als Metakommentar zum Unterricht zu verstehen, mit dem sie nicht nur SwH, sondern auch sich selbst bestätigt. In ihm kommt die Zufriedenheit der Lehrerin (von Begeisterung zu sprechen wäre wohl zu stark) darüber zum Ausdruck, dass ihr Unterricht »läuft«. Die Schüler/innen beteiligen sich an ihm und an dieser Beteiligung wird deutlich, dass sie etwas lernen. Diese Zufriedenheit wird dergestalt zum Ausdruck gebracht, dass auch die Schüler/innen merken (sollen): Der Prozess, an dem sie hier teilnehmen, ist sinnvoll, ist ein Unterricht, in dem es voran geht, in dem sie etwas lernen und in dem sie noch mehr lernen können, wenn sie sich stärker an ihm beteiligen.

Gerade angesichts dessen, dass die Lehrerin das Niveau des Unterrichts radikal heruntergeschraubt hat, ihre Fragen so sehr vereinfacht hat, dass selbst Grundschüler sie beantworten könnten, wirkt die Emphase, mit der sie hier reagiert, unangemessen. Das Unterrichtsgeschehen bekommt einen Zug des Unwirklichen, des Surrealen. Es wirkt eben »gespielt«.

Nicht selten wird die These vertreten, dasjenige, was im Unterricht geschieht, sei vergleichbar mit dem Schauspiel im Theater. Stützen lässt sich dieser Vergleich mit Bezug auf die soziologische Rollentheorie, die von der Rolle des Lehrers und derjenigen des Schülers spricht. Eine Rolle zu übernehmen steht dann im Gegensatz zu einem authentischen Verhalten. Wie der Schauspieler, wenn er auf die Bühne tritt, in eine Rolle schlüpft, so übernehmen auch diejenigen, die sich in die Schule begeben, vorgefertigte Rollen, die nicht mit ihrer »wahren Person« verwechselt werden dürfen, und sie spielen ein Spiel, das eben auch nicht authentisch, sondern nur eine Fassade ist. Unterricht erscheint aus dieser Perspektive als eine »Inszenierung«, die maßgeblich durch den Lehrer geschaffen wird, der nicht nur das Drehbuch schreibt (in dem er den Unterricht plant), sondern auch Schauspieler ist – und auch Regie führt, also die Aufführung des von ihm entworfenen Stückes steuert. Klar ist: Der Lehrer handelt nicht authentisch, sondern immer strategisch, spielt den Schülern/innen etwas vor.[38] Aber wie ist es mit den Schülern/innen? Auch in Bezug auf sie lässt sich die Analogie fortführen: Die Schüler/innen spielen auch nur eine Rolle. Das Problem für sie besteht allerdings darin, dass ihnen vorweg nicht gesagt wird, wie sie ihre Rolle ausfüllen sollen. Sie müssen sich vielmehr in der Ausübung ihrer Rolle an den Erwartungen des Lehrers orientieren, sich in ihrem Verhalten nach diesen ausrichten (ohne sie genau zu kennen.) Auch sie handeln nicht

38 Natürlich gilt auch für den Lehrer – wie für den richtigen Schauspieler –, dass er desto besser spielt, um so authentischer er wirkt.

authentisch, sondern (immer?) mit dem strategischen Hintergedanken, ihre Performance möge von dem Lehrer mit einer guten Note belohnt werden.

In dem vorliegenden Fall scheint sich der Unterricht tatsächlich in die Richtung eines solchen »Theaters« zu entwickeln. Es ist jedoch fraglich, ob tatsächlich alle dazu bereit sind, dieses Spiel mitzuspielen. Freilich, wenn es den Schülern/innen einfach darum geht, eine gute Note zu bekommen, dann gibt es keinen Grund, der dagegen sprechen würde. Wenn es ihnen allerdings (auch) darum gehen sollte, etwas zu lernen, so müssten sie sich jetzt weigern dieses Spiel mitzumachen. Auch würde sich auf dieses Spiel nicht einlassen, wer ernst genommen werden will, sich und seine Person, und dem die Ernsthaftigkeit der Schule bewusst ist, die in hohem Maße bedeutsam ist für sein Leben, für seine Zukunft.

Ein letztes Motiv für die Teilnahme an dem »Spiel« könnte sein, dass um der Lehrerin willen mitgemacht wird, d.h. um ihr nicht den Eindruck zu vermitteln, dass ihr Unterricht nicht »läuft«. Aus Rücksichtnahme also, um die Lehrerin nicht in eine Krise bezüglich ihrer beruflichen Identität stürzen zu lassen, würde mitgespielt. Das würde ein hohes Maß an Einfühlungsvermögen und an Altruismus auf Seiten der Schüler/innen voraussetzen. Kann man davon realistischerweise ausgehen? Bei einer Schülerin könnte tatsächlich eine konkrete Bindung an die Lehrerin von Bedeutung sein, nämlich bei SwH. Bei ihr könnte aufgrund der permissiven Sonderbehandlung, die sie durch die Lehrerin erfahren hat, das Gefühl entstanden sein, zu einer besonderen Rücksichtnahme verpflichtet zu sein. Dieses Gefühl könnte das Motiv dafür sein, dass sie das Spiel der Lehrerin mitspielt.

92 Und die Zeilen drei und vier, was ist mit denen?

Nun wird das »Spiel« fortgesetzt: Wie zu erwarten war, wird das nächste Element aus dem Merkmalskatalog aufgegriffen bzw. auf die zu diesem gehörenden Zeilen des Gedichts verwiesen und die Schüler/innen müssen antworten, dass eben diese Zeilen, wie es auf dem Arbeitsblatt steht, kürzer sind als die anderen und sich reimen.

93 Die sollen kürzer sein und reimen sich auch. SmG, stimmt
94 das?

Die Lehrerin gibt weitere Hilfestellungen, vereinfacht die Frage erneut so sehr, dass für die Schüler/innen nur noch übrig bleibt mit »ja« oder »nein« zu antworten.

> 95 SmG: Äh, was?

Der Schüler SmG scheint nicht aufmerksam gewesen zu sein: Erst einmal zögert er, dann fragt er nach, was die Lehrerin von ihm will. Was könnten die Gründe dafür sein? Auch an dieser Stelle könnte über eine Vielzahl von möglichen Gründen nachgedacht werden. Vor allem könnte die Reaktion von SmG als Bestätigung für die »negative Anthropologie« der Lehrerin gesehen werden. Angesichts des bisherigen Unterrichtsverlaufs spricht jedoch vieles dafür, dass SmG sich von dem Unterrichtsgeschehen abgewendet hat und es nicht weiter für nötig und sinnvoll hält, aufmerksam zu sein. Vielleicht hat die Lehrerin dies sogar gemerkt und versucht nun dadurch, dass sie SmG drannimmt, diesen (wieder) in das Unterrichtsgeschehen mit einzubeziehen.

> 95 3 und 4? Ja, die reimen sich alle.

So unaufmerksam kann SmG doch nicht gewesen sein: Er weiß nicht nur, über welche Zeilen gerade gesprochen wird, sondern auch, wonach die Lehrerin gefragt hat. Man könnte sagen, dass sich sein Verhalten bewährt hat: Die »halbe Aufmerksamkeit« hat gereicht um eine richtige (wenn auch nicht ganz vollständige) Antwort zu geben.

> 96 Lw: O.k.!

Die Lehrerin gibt sich zufrieden mit SmGs Antwort, obwohl er nicht auf die Länge der Zeilen eingegangen ist. Auch auf diese Weise wird den Schülern/innen signalisiert, dass es letztlich nicht so wichtig ist, worum es geht, dass die im Unterricht behandelten Fragen nicht wirklich geklärt werden müssen.

> 96 Die Kurzformel, könnt ihr da etwas mit anfangen?

Das nächste Merkmal, das auf dem Arbeitsblatt als »Kurzformel« bezeichnet wird, wird jetzt von der Lehrerin angesprochen.[39] Die

39 Eigentlich müsste es »Reimschema« heißen. Warum nicht dieser Fachbegriff, sondern das Wort »Kurzformel« verwendet wird, wäre zu erörtern, wenn das Arbeitsblatt genauer analysiert würde. Zu vermuten ist, dass diejenigen, die das Arbeitsblatt erstellt haben, die Schüler/innen nicht

Frage, ob die Schüler/innen »da etwas mit anfangen« können, lässt sich wieder nur mit »ja« oder »nein« beantworten. Danach, ob sie die Buchstabenfolge verstehen, ob sie eine Idee haben, wofür sie stehen könnte, wird erst gar nicht gefragt, weil – so lässt sich die Interpretation hier abkürzen, ohne dass weitere Motive in Erwägung gezogen werden – davon ausgegangen wird, dass die Schüler/innen eh diese Frage nicht beantworten können. Allenfalls können sie mit der Kurzformel »etwas anfangen« – aber auch das ist, so lässt sich prognostizieren, aus der Sicht der Lehrerin eher unwahrscheinlich. Und deswegen lässt sich sagen, dass ihre Frage letztlich nur eine rhetorische ist: Die Lehrerin »spielt« eine Frage – deren Antwort für sie längst feststeht.

97 S (alle): Nein!

Die Schülern/innen bestätigen die Lehrerin in ihrer – unausgesprochenen – Annahme. Auffällig ist, dass sie dies wie mit einer Stimme tun. Sie tragen ein geschlossenes »nein« vor. Dass sie alle unwissend sind, wird von ihnen als eine Gemeinsamkeit erfahren. Hinzu kommt, dass sie sich kollektiv mit ihrem »nein« auf das »Spiel« der Lehrerin einlassen. Die Lehrerin hat für sie die Rolle der Unwissenden vorgesehen und gemeinsam nehmen die Schüler/innen diese Rolle wahr. Die »Vorurteile« der Lehrerin wirken also vergemeinschaftend und deswegen gewinnt die Antwort der Schüler/innen für diese einen besonderen Reiz, spielen sie gerne mit. Dieses Spiel wirkt jedoch von außen betrachtet beklemmend: Es funktioniert reibungslos. Wie es aufgebrochen werden könnte, ist nicht zu ersehen.

98 Lw: a-a-b-b-a, könnt ihr damit etwas anfangen? Was soll das

99 denn bedeuten?

Die Fragestellung, die zuvor schon gestellt wurde, wird nun noch einmal wiederholt, mit dem Unterschied allerdings, dass nun das Reimschema, die »Kurzformel« genau zitiert und die Frage ergänzt wird durch diejenige nach der möglichen Bedeutung der Formel.

100 SmG: lang, lang, kurz, kurz, lang

mit einem Fachbegriff »überfordern« wollten. Offensichtlich gehen sie von derselben anthropologischen Grundannahme aus, die bereits bei der Lehrerin deutlich geworden ist.

Wie kommt SmG auf diese Antwort? Zuvor wurde über die Länge der verschiedenen Zeilen gesprochen, das ist SmG nicht entgangen. Wenn man diese nun auf eine »kurze Formel« bringen wollte, könnte man dafür die Kombination von Buchstaben verwenden. Es ist also durchaus nahliegend, die Buchstabenfolge auf eine Konvention zur Abkürzung von Messergebnissen im Hinblick auf die Länge von Zeilen zurückzuführen.

101 Lw: Was?

Die Lehrerin hat die Antwort von SmG nicht richtig verstanden oder sie wundert sich über diese (oder spielt nur die Verwunderung.)

101 Lang, lang, kurz, kurz, lang? (lacht)

Die Antwort von SmG wird von der Lehrerin noch einmal wiederholt. Warum aber amüsiert sie sich über diese? Das Lachen hat gewiss zur Folge, dass alle Schüler/innen erkennen, dass die Antwort von SmG aus der Sicht der Lehrerin falsch war. Die Lehrerin hätte ihr Urteil über die Antwort von SmG aber auch in einer anderen Form zum Ausdruck bringen können, nämlich indem sie einfach sagt, dass seine Antwort nicht richtig ist. Auch hätte sie sich überlegen können, wie SmG wohl darauf kam oder ihn nach seinen Gründen fragen können. Dann wäre eventuell deutlich geworden, dass die Lehrerin diese falsche Antwort mit einer anderen Frage vielleicht hätte verhindern können.

Was aber bedeutet das Lachen? Witzig ist SmGs Antwort ja nicht. Wenig plausibel wäre es zu behaupten, das Lachen der Lehrerin sei böswillig gemeint, sie wolle auf diese Weise SmG vor der Klasse bloßstellen und allen Schüler/innen zeigen, wie dumm er ist. Dafür müsste es ein spezielles Motiv geben, zum Beispiel den Wunsch sich zu rächen. Dafür gibt es aber nicht den geringsten Anlass. Und deswegen bleibt nur der Schluss übrig, dass es wieder um »Theater« geht: Die Lehrerin spielt der Klasse Heiterkeit vor (und womöglich auch sich selbst.) Sie signalisiert den Schüler/innen: Unsere Interaktion, das Unterrichtsgeschehen ist so unkompliziert, so unproblematisch, dass nicht alles ernst genommen und »auf die Goldwaage gelegt« werden muss. Der Schüler SmG kann ruhig einmal eine falsche Antwort geben, ohne dass er sofort schulmeisterlich zurecht gewiesen wird – und ich kann mich ohne Bedenken über seine Antwort amüsieren, weil auch er es nicht erst meint (und auch die anderen es nicht tun) und folglich auch nicht durch mein Lachen verletzt sein wird.

Wie kann der Schüler SmG jetzt reagieren? Er könnte protestieren und auf seinem Recht bestehen eine falsche Antwort geben zu können, ohne sofort dafür ausgelacht zu werden. Denn, auch wenn die Lehrerin subjektiv gesehen keine bösen Absichten gehabt haben mag: Faktisch wurde SmG ausgelacht und als intellektuell minderbemittelt hingestellt. Nur ist es für ihn schwer, sich dagegen zu wehren, denn zum einen befindet er sich ja nicht in einem symmetrischen Verhältnis mit demjenigen, der über ihn lacht. Zum anderen würde er womöglich zu hören bekommen, dass es nicht so gemeint sei, und ob er denn keinen Spaß verstehe und erwarte, dass alle immer bierernst sind. Freilich könnte er auch versuchen seine Ehre zu retten, indem er seine Antwort erklärt oder versucht eine neue Antwort zu geben. Das würde jedoch nicht nur ein hohes Maß an Geistesgegenwärtigkeit und Reflexivität voraussetzen, sondern auch ein starkes Selbstbewusstsein und einen ausgeprägten Behauptungswillen.

> 102 SwD: Das bezieht sich bestimmt auf die Zeilen
> 1,2,3,4,5

SwD ist mutig: Obwohl ihr Mitschüler soeben für seine Antwort ausgelacht wurde, wagt sie es, eine neue Antwort zu geben. Besonders ausgeprägt muss ihr Mut jedoch nicht sein, da die Antwort, die sie gibt, sehr naheliegend ist. Dass das Verhalten der Lehrerin, ihr Amusement angesichts der Äußerung von SmG, durchaus auf SwD Wirkung gehabt hat, zeigt sich daran, dass sie ihre Antwort sehr vorsichtig formuliert: SwD stellt keine klare, apodiktische Behauptung auf, sondern formuliert eher eine Vermutung. Zudem stellt sie nur eine Relation her und vermeidet es, diese genauer zu bestimmen.

> 103 Lw: Ja, genau!

Wieder wirkt die Antwort der Lehrerin etwas übertrieben – als sei die Lehrerin hoch erfreut, ja, entzückt über die Antwort von SwD. Unangemessen wirkt ihre Reaktion speziell an dieser Stelle, weil die Antwort von SwD gerade nicht genau ist, sondern im Gegenteil nur vage. Deswegen ist jetzt zu erwarten, dass die Lehrerin nachfragt um Genaueres zu erfahren.

> 103 Und was, auf was bezieht sich das?

Tatsächlich fragt die Lehrerin noch einmal nach. Sie will eine Hilfestellung geben, die zur richtigen Antwort führen soll. Allerdings ist die Hilfeleistung so ungenau formuliert, dass SwD denken könnte, die Lehrerin habe sie nicht richtig verstanden. Auf was sich die »Kurzformel« bezieht, hatte sie ja bereits gesagt. Um eine genauere Antwort zu erhalten, müsste die Lehrerin eigentlich fragen, worin denn der bereits erkannte Bezug bestehe.

104 SwG: Auf Reim, auf Reimen?

Die richtige Antwort ist gefunden. Doch die Schülerin scheint sich nicht sicher zu sein, ob ihre Antwort tatsächlich diejenige ist, die die Lehrerin erwartet. Diese Unsicherheit könnte darauf zurückzuführen sein, dass die Nachfrage der Lehrerin nicht klar formuliert war. Sie könnte freilich auch ihre Ursache in der Unterrichtsführung durch die Lehrerin haben: Da diese sich in die Position gebracht hat, Schiedsstelle für »richtig« oder »falsch« zu sein, und auch bereits deutlich gemacht hat, was mit demjenigen passieren kann, der eine falsche Antwort gibt, wagt die Schülerin nur noch fragend eine Antwort zu geben.

105 Lw: Ja, genau,

An dieser Stelle ist das »genau« noch am ehesten berechtigt, denn es wurde zunächst eine ungenaue Antwort gegeben, auf die sodann eine präzisierte folgte.

105 auf die Endungen.

Obwohl sie erklärt hatte, die Antwort von SwG sei »genau« richtig gewesen, korrigiert sie diese nun, indem sie nicht von »Reim«, sondern von »Endungen« spricht.

Hier würde es sich nun anbieten zu erklären, was denn der Unterschied zwischen »Reim« und »Endungen« ist und wie mit Bezug auf die Endungen eine Buchstabenfolge gebildet werden kann, die das Reimschema eines Gedichts deutlich macht. Passiert das?

105 So,

Nein, es passiert nicht. Der bereits schon einmal analysierte Partikel »so« lässt erkennen, dass die Lehrerin keine genauere Erklärung geben möchte. Die Ausführungen zu der »Kurzformel« werden vielmehr beendet. Dass alle Schüler/innen tatsächlich verstanden haben, was die »Kurzformel« besagt und wie sie zu interpretieren ist, ist nach den knappen Erklärungen von SwD, SwG und der Lehrerin äußerst fraglich. Wozu aber will die Lehrerin überleiten?

Stillarbeitsphase

Hoffnungen in einen handlungsorientierten Unterricht

Die Lehrerin fährt fort:

> nun versucht mal zu
> limericken

»Limericken« meint: Die Schüler/innen sollen nun selbst Gedichte in der Form von Limericks schreiben. Das heißt, den Schüler/innen wurde zunächst exemplarisch gezeigt, was ein Limerick ist, dann wurde darauf eingegangen, welche formalen Eigenschaften er besitzt und was auf der inhaltlichen Ebene charakteristisch für ihn ist. (Über das Inhaltliche gibt der Merkmalskatalog einige Auskünfte, auf die jedoch im Unterrichtsgespräch nicht weiter eingegangen wurde.) Jetzt sollen sie eigenständig solche Gedichte schreiben. Beides stand in einem funktionalen Verhältnis zueinander: Den Schüler/innen wurden die Eigenschaften von der Lehrerin vermittelt, damit sie selbst solche Gedichte schreiben können. Die selbständige Produktion von Limericks ist, so lässt sich sagen, der Zielpunkt, auf den der gesamte bisherige Unterricht hinausläuft, der Ziel- und Höhepunkt.

Für diese These, eben dass es der Lehrerin letztlich darum geht, dass die Schüler/innen Limericks produzieren, spricht, dass an mehreren Stellen deutlich wurde, wie die Informationen über diese Form des Gedichts auf ein Minimum reduziert wurden. Alle Fragen, die im Laufe der Besprechung auftauchten und über das schlichte Begreifen der wesentlichen Merkmale von Limericks hinausgingen, wurden entweder übergangen oder aber als unerheblich abgetan. Die intellektuelle Beschäftigung mit der Sache, die Gewinnung möglicher Erkenntnisse wurde radikal dem praktischen Zweck untergeordnet, den Schülern/innen die allernotwendigsten Informationen, das »Handwerkszeug« für die Produktion von Limericks an die Hand zu geben. Die Informationen zu Limericks wurden umgeformt zu einer Sammlung der wichtigsten technischen Mittel zu ihrer Produktion. Wir haben es hier also mit einer spezifischen Form eines produktionsorientierten Unterrichts zu tun, die kennzeichnet, dass dem Ziel der Produktion alles andere – die Vorarbeit, die in der Erarbeitung von für die Produktion notwendigen Kenntnissen besteht – konsequent untergeordnet wird. Die Frage stellt sich aber, ob die Schüler/innen nun tatsächlich dazu in der Lage sind, zu »limericken«? Diese Frage stellt sich auf zwei Ebenen: 1. Sind die Schüler/innen kognitiv dazu in der Lage zu »limericken«, haben sie tatsächlich verstanden, was die Form des Limerick kennzeichnet? 2. Ist die für die Produktion notwendige Motivation bei den Schülern/innen vorhanden? Die Lehrerin hofft vermutlich, dass die Schüler/innen hoch motiviert sind. Denn die Aufgabe, die sie gestellt hat, bietet große Freiheiten: Die Schüler/innen müssen sich zwar nach den besprochenen Vorgaben richten, diese bestehen aber primär aus formalen Bedingungen, denen das Produkt genügen muss. Auf der inhaltlichen Ebene sind die Schüler/innen nicht eingeschränkt und können ihre Subjektivität voll entfalten. Dass die Schüler/innen diese Möglichkeit sehen und nutzen, darauf setzt die Lehrerin – und darauf, dass die Produktion zu einer Erfahrung wird, zu einer Erfahrung ihrer selbst, also zu einem Bildungsprozess, der sich schließlich auch noch in einem Produkt verobjektiviert, über das die Schüler/innen sich freuen, auf das sie stolz sein können.

107 Einige Schüler: Och, nee!

Die Aufforderung der Lehrerin löst keine großen Aktivitäten aus, ist nicht das Signal, auf das hin Energien, die zuvor aufgestaut waren, sich in Strömen künstlerischer Kreativität entladen, vielmehr wird auf sie mit Unwille reagiert. Es wäre jedoch unangemessen von einer totalen Verweigerung zu sprechen, denn zum einen sind es nur einige und nicht alle Schüler/innen, die sich hier negativ äußern. Zum anderen muss mit »och nee« nicht notwendig gemeint sein: »Nein, das machen wir nicht.« Es kann auch als eine Art Seufzer verstanden werden, wie wenn ein ungeliebter Lehrer zum wiederholten Male als Vertretung in eine Klasse kommt und die Schüler/innen dann – mehr oder weniger offen bzw. verdeckt – sagen: »Oh, nein, nicht der schon wieder.« Das muss dann keineswegs bedeuten, dass die Schüler/innen nicht machen werden, was der Lehrer von ihnen verlangt, doch geben sie deutlich zu erkennen, dass sie nicht über sein Erscheinen begeistert sind.

Mit »och, nee« kann also ein Unwille zum Ausdruck gebracht werden, der nicht unmittelbar mit einer totalen Verweigerung gleichgesetzt werden muss. Die Schüler/innen zeigen aber deutlich, was sie von der Aufforderung der Lehrerin halten und dass ihnen jede intrinsische Motivation zur Befolgung der Aufforderung fehlt. Nur weil sie es müssen, könnten sie sich dennoch dazu bewegen lassen.

108 Lw: Oh, jaa!

Die Lehrerin reagiert sofort, macht unmittelbar deutlich, dass diesbezüglich nicht mir ihr diskutiert werden kann. Sie verlangt es von ihnen – hier gibt es kein »wenn« und »aber«. Diese konsequente Haltung der Lehrerin ist verständlich, liegt doch – wie oben gesagt wurde – aus der Sicht der Lehrerin in der Produktion von Limericks der Sinn und Zweck des gesamten Unterrichts. Auf diesen hat sie zielstrebig hingearbeitet. Nun ist sie endlich bei ihm angekommen und nun will sie auch, dass er realisiert wird. Alles andere war nur Vorarbeit, Hinführung, nun kommt die eigentlich Sache, um die es der Lehrerin geht. Es ist bezeichnend, dass angesichts des verhaltenen Protests von Seiten der Schüler/innen die Lehrerin mit einem einfachen »oh, jaa« antwortet. Es ist eine bloße Bekräftigung ihrer Aufforderung – sie besteht darauf, dass die Schüler/innen »limericken« –, ohne dass irgendeine Begründung dafür gegeben wird. Interessant wäre es, wenn jetzt tatsächlich eine totale Verweigerung von Seiten der Schüler/innen folgen oder zumindest die Frage aufgeworfen würde, warum sie denn Limericks schreiben sollen. Dann würde sich zeigen, ob die Lehrerin ihre Aufgabenstellung begründen kann. Wenn dies nicht der Fall ist, bliebe ihr nichts anderes übrig als entweder ihre Autorität geltend zu machen, d. h. die Schüler/innen daran zu erinnern, dass sie qua Rolle dazu verpflichtet sind, zu tun, was sie ihnen sagt, oder darauf zu setzen, dass sie ihr als Person folgen (weil sie sich ihr moralisch verpflichtet fühlen oder weil sie sie mögen und ihr keine Probleme bereiten möchten.)

109 SmH: Ich bin so-o-o müde!

SmH schiebt körperliche Gründe vor, die ihm die Arbeit erschweren bzw. unmöglich machen. Aufgrund seiner Müdigkeit hat er nicht den notwendigen Schwung, den Antrieb, der für die Erfüllung des Arbeitsauftrags nötig wäre. Klar ist, dass auch er einfach nicht »limericken« will.

110 (Kein Schüler macht etwas)

Was der Höhepunkt des Unterrichts hätte werden sollen, was der Sinn und Zweck des bisherigen Unterrichtsverlaufs war, wird zu seinem Endpunkt. Der Unterricht endet im Nichts. Er implodiert. Was ist der Grund für diese Implosion? An sich ist die Antwort auf diese Frage klar – auf die verschiedenen Gründe ist die Analyse bereits mehrfach gestoßen. Dennoch soll hier noch einmal systematisch über die möglichen Gründe nachgedacht werden:

1. Die Aufgabe könnte für die Schüler/innen zu schwer sein. Im Sinne der negativen Anthropologie, des pädagogischen Pessimismus, auf den die Analyse immer wieder gestoßen ist, könnte behauptet werden, dass die kognitiven Fähigkeiten der Schüler/innen nicht ausreichen um eine so anspruchsvolle Aufgabe zu bewältigen. Die Annahme, dass die Schüler/innen diese Fähigkeiten nicht besitzen, hat sich aber im Laufe der Analyse nicht bestätigt. Freilich ist nicht auszuschließen, ja, im Gegenteil eher wahrscheinlich, dass nicht alle Schüler/innen tatsächlich den Merkmalskatalog richtig verstanden haben. Doch gibt es keinen Grund, weswegen davon auszugehen wäre, dass die Schüler/innern ihn nicht verstehen könnten, wenn er ihnen besser und ausführlicher erklärt würde.

2. Die Schüler haben keine richtige Arbeitshaltung, sie versuchen bei jeder Gelegenheit, die sich ihnen bietet, sich einer Arbeit zu entziehen, die ihnen mühevoll zu sein scheint. Auch dieses Argument entspricht der negativen Anthropologie. Doch auch dieses wird durch die Analyse nicht bestätigt. Im Gegenteil, an keiner Stelle des Transkripts hat sich gezeigt, dass die Schüler/innen nicht bereit wären mitzuarbeiten. Situationen, in denen sich jemand verweigerte, kamen nicht vor.

3. Der entscheidende Grund für den Unwillen der Schüler/innen liegt meines Erachtens darin, dass der Sinn der von der Lehrerin gestellten Aufgabe für die Schüler/innen nicht erkennbar ist. Worin könnte der Sinn des »Limericken« für sie bestehen? Der Sinn kann nicht darin bestehen, dass sie etwas lernen. (Im Rahmen der »Vorarbeit« hätten sie etwas lernen können, haben es womöglich sogar – obwohl die Lehrerin ihnen dabei wenig hilfreich war.) Der Sinn kann also nur in dem möglichen Bildungsprozess bestehen, der im Rahmen der Bewältigung der Aufgabe eventuell stattfinden könnte (und auf den die Lehrerin zu setzen scheint.) Da aber ein Bezug des Bildungsprozesses nicht erkennbar ist, etwas *an dem* die Schüler/innen sich bilden könnten, muss ihnen das »Limericken« als eine Aktivität ohne jeden Sinn erscheinen.

> 111 Lw: Also, dazu braucht man natürlich ein Heft! Dazu braucht man
> 112 einen Stift. Und dann kann man anfangen.

Die Lehrerin hat nicht aufgegeben, sie hält an ihrer Forderung fest. Dies macht sie durchaus geschickt: Wie oben bereits versucht sie erst gar nicht ihre Aufgabenstellung zu begründen, auch verweist sie nicht darauf, dass sie als Lehrerin, also qua Amt dazu berechtigt ist, den Schülern/innen Aufgaben zu stellen und es zu deren Rollenpflichten gehört, ihren Anweisungen zu folgen. Damit liefe sie Gefahr, den offenen Widerspruch der Klasse zu provozieren. Vielmehr beharrt sie auf ihrer Forderung, wiederholt sie, indem sie einfach erklärt, was die Schüler/innen zu ihrer Bewältigung benötigen. Sie setzt damit auf die Einsicht der Schüler/innen, dass die Bearbeitung der Aufgabe für sie unabwendbar ist, dass die Lehrerin nicht aufgeben wird, sie sich also dem »Limericken« letztlich nicht entziehen können. Die Lehrerin setzt indirekt also auf den Zwang der Verhältnisse.

> 113 Lw: SmH, was sollst du machen?

Eben gab sie für alle die Anweisung Limericks zu schreiben, jetzt fragt die Lehrerin speziell SmH, was er tun soll. Warum macht sie das? Man könnte annehmen, sie vermute, SmH habe ihre Aufforderung nicht mitbekommen. Wahrscheinlicher ist jedoch, dass sie SmH fragt um ihrer Forderung Nachdruck zu verleihen. Und warum greift sie dann zu diesem Zweck einen einzelnen Schüler aus der Klasse heraus? Es kann sein, dass SmH ihr als besonders unwillig, ja, renitent erscheint – vielleicht hat er schon begonnen sich mit anderen Dingen zu beschäftigen. Dem stellt sie sich nun konsequent entgegen. Es kann aber auch sein, dass SmH durchaus dazu bereit wäre, den Arbeitsauftrag auszuführen, doch sich zurückhält, weil er den Unwillen einiger Mitschüler/innen registriert hat und sich nicht gegen diese stellen will. Auf jeden Fall statuiert die Lehrerin mit ihrer Frage ein Exempel: Jeder, der, statt den Arbeitsauftrag anzunehmen, eine andere Beschäftigung beginnt, muss damit rechnen, von der Lehrerin angesprochen zu werden und muss sich vor ihr und der ganzen Klasse für seine »Arbeitsverweigerung« rechtfertigen. Entweder er wagt dann tatsächlich sich der Lehrerin zu widersetzen, oder er muss sich vor der Klassenöffentlichkeit fügen. Und das heißt, er muss den Arbeitsauftrag noch einmal wiederholen und sich auf diese Weise zum Sprachrohr der Lehrerin machen. Indem er die Anweisung der Lehrerin der Klasse noch einmal vergegenwärtigt, demonstriert er vor der ganzen Klasse – zumindest äußerlich – sein Einverständnis mit dieser Forderung. Sollte er tatsächlich nichts gegen den Arbeitsauftrag einzuwenden haben, wird er in einen Konflikt mit einigen seiner Mitschüler/innen geraten. Die Lehrerin könnte dann versuchen, die Schüler/innen gegeneinander auszuspielen. Sollte er aber zu den Unwilligen gehören, wird er mit sich selbst in einen Konflikt geraten, in eine Spannung zwischen seinem nach außen gerichteten Auftreten und seinen inneren Überzeugungen. Und unabhängig davon, ob SmH nun gewissermaßen an der Spitze des »Widerstandes« steht oder im Gegenteil gerade ein »schwaches Glied« in der Front der Ablehnung darstellt (was von beidem zutrifft, wird sich wahrscheinlich gleich zeigen), es geht der Lehrerin offensichtlich darum, diese Front aufzubrechen. Sie setzt darauf, dass, wenn es ihr gelingt, den Wiederstand an einer Stelle zu brechen, auch die anderen ihn aufgeben werden, also auf eine Art »Dominoeffekt«.

114 SmH: Äh, einen…?

Der Schüler SmH setzt zu einer Antwort an, gerät dann aber ins Stocken. Im Hintergrund steht wahrscheinlich der Konflikt, auf der einen Seite der Lehrerin antworten zu wollen bzw. zu müssen, auf der anderen Seite sich aber nicht zum Sprachrohr der Lehrerin machen zu wollen – entweder weil er selbst den Arbeitsauftrag nicht ausführen will, oder weil er den Unwillen bei seinen Mitschülern/innen spürt, mit denen er nicht in einen Konflikt geraten will.

115 (großes Gemurmel)

Interessant wäre es zu wissen, worüber sich die Schüler/innen in diesem Moment unterhalten. Leider ist es nicht im Transkript festgehalten (und wohl auch auf dem Tonband nicht zu hören.) Es ist jedoch anzunehmen, dass die Klasse merkt, dass der Unterricht im Moment »auf Messersschneide steht«: Entweder die Lehrerin setzt sich durch und der Unterricht nimmt den von ihr gewollten und geplanten Lauf, oder es kommt zu einem offenen Konflikt zwischen der Lehrerin und der Klasse oder auch zwischen den Schülern/innen untereinander.

116 Lw: Bitte?!

Die Lehrerin hakt nach – halb fragend, halb fordernd. Sie will eine konkrete Antwort und zwar laut und deutlich. Mit einem scheinbar harmlosen »bitte« wird SmH deutlich gemacht, dass er sich nicht aus der Situation herauswinden, sich einer klaren Antwort nicht entziehen kann. Und die Lehrerin tritt mit der Gewissheit seinem Zögern entgegen, dass er sich nicht entziehen wird. Im Moment der Krise zeigt sie sich unnachgiebig, signalisiert SmH, dass er sich entscheiden muss – und zwar so, dass alle es hören und sehen. Die Entscheidung wird so zugespitzt, dass SmH eigentlich sich nur noch dem Willen der Lehrerin unterwerfen kann – täte er es nicht, käme es wohl zu einem großen Eklat.

117 SmH: Einen Limerick machen

SmH gibt seinen Widerstand auf und macht das, was die Lehrerin von ihm erwartet hat. Er macht sich zum Sprachrohr der Lehrerin, indem er deren Arbeitsauftrag wiederholt. Die Strategie der Lehrerin scheint also aufgegangen zu sein. Und nun kann sich niemand mehr herausreden, dass er den Arbeitsauftrag nicht verstanden hätte, dass er nicht wisse, was zu tun ist. Dies ist jetzt wirklich allen klar. Ist es der Lehrerin damit tatsächlich gelungen, den Widerstand gegen ihr Vorgehen zu brechen bzw. es im Keim zu ersticken? Oder bleibt der Widerstand bestehen?

118 Lw: Ja!

Die Lehrerin stimmt SmH zu. Doch liegt in dem »ja« mehr als eine bloße Bestätigung der Richtigkeit von SmHs Antwort. Mit ihm reagiert die Lehrerin auch positiv auf die scheinbare Übernahme ihres Willens und die damit verbundene Anerkennung der Machtverhältnisse, die zuvor ins Wanken zu geraten schienen. Und sie bringt mit ihm erneut die Erwartung zum Ausdruck, dass die Schüler/innen nun den Arbeitsauftrag auch ausführen sollen. Doch letztlich ist immer noch offen, ob die Schüler/innen tatsächlich nun dazu bereit (oder zumindest einer der Schüler, SmH) zu tun, was sie will. Denn es kann durchaus sein, dass der Widerstand fortbesteht – auch bei SmH, der zwar sich hat demütigen lassen, dennoch aber seine Weigerung eventuell nicht aufgegeben hat.

119 (nach 1 Minute)

Eine Minute lang ist nichts passiert, haben die Schüler/innen nichts getan und hat die Lehrerin gewartet. Der Unwille der Schüler/innen ist also nach wie vor vorhanden. Was wird die Lehrerin nun tun?

Wird sie jetzt zu härteren Mitteln greifen, wird sie mit Sanktionen drohen?

120 Lw: Habt ihr jetzt alle eure Stifte und Hefte draußen?

Die Lehrerin setzt an demselben Punkt an, an dem sie es zuvor schon einmal probiert hat: Statt mit Sanktionen zu drohen, stellt sie eine Frage, die auf die Voraussetzungen für die Erfüllung des Arbeitsauftrages zielt. Sie will also auf jeden Fall eine weitere Zuspitzung und Eskalation des Konfliktes vermeiden und hofft, in milder Form den Schülern/innen deutlich machen zu können, dass sie an ihrer Erwartung festhält und sie sich ihr nicht entziehen können. »Mild« ist diese Äußerung der Lehrerin auch insofern, als sie keinen Vorwurf enthält (»Warum habt ihr eure Sachen immer noch nicht herausgeholt?«) oder eine direkte Aufforderung (»Nun fangt endlich an zu schreiben.«) Es wird kein zusätzlicher Erwartungsdruck geschaffen, sondern nur vorsichtig nachgefragt. Einerseits wird also implizit die Forderung wiederholt, andererseits wird aber alles vermieden, was zur Verschärfung des Erwartungsdrucks oder zur Eskalation der Situation führen könnte.

121 SmE: Hä? Was?

Der Schüler SmE tut so, als ob er von nichts wüsste. Er simuliert Unwissenheit. Der Widerstand äußert sich also ebenfalls sehr geschickt: Er wird nicht explizit, drückt sich nicht offen aus, sondern kleidet sich in gespielte Unwissenheit und Unschuld.

122 (wieder große Unruhe)

Die Situation spitzt sich angesichts der Spannung zwischen der unnachgiebig, ja, hartnäckig aufrecht erhaltenen Forderung der Lehrerin und dem nach wie vor bestehenden Unwillen der Schüler/innen erneut zu. In dieser Krise besteht offensichtlich ein Bedarf sich untereinander zu verständigen, also den Konsens in der Klasse nicht aufs Spiel zu setzen, sondern zu versuchen im Hinblick auf die Frage, ob der Widerstand aufrecht erhalten oder aufgegeben werden soll, zu einer gemeinsamen Position zu gelangen bzw. bei ihr zu bleiben.

123 Lw: Hört mal,

In die Unruhe hinein erfolgt nun ein neuer Versuch der Lehrerin, die Krise zu lösen. Um ihn mitzubekommen werden alle aufgefordert aufmerksam zu sein und »die Ohren zu spitzen«: »Hört, jetzt kommt eine Ansage, die für alle wichtig ist.« Wie könnte diese aussehen? Es könnte sein, dass die Lehrerin versucht, die Krise klar zu beenden (»Hört mal, so geht das nicht weiter!«) und entweder eine diskursive Lösung in die Wege leitet, indem sie die Krise offen anspricht, die Schüler/innen nach den Gründen für ihr Nichtstun fragt und sie dazu auffordert, gemeinsam mit ihr eine Lösung der Krise zu finden. Oder sie verweist auf ihre Sanktionsmöglichkeiten, versucht mittels Drohungen die Schüler/innen zum Schreiben zu bewegen.

> 123 ich möchte euch noch mal auf was hinweisen!

Worauf will die Lehrerin hinaus? Zwei Möglichkeiten sind denkbar: Entweder will die Lehrerin den Schülern/innen »die Geschäftsgrundlagen« des Unterrichts vor Augen halten, aus denen folgt, dass der Arbeitsauftrag angenommen werden muss. Dann wäre aber das »noch einmal« unklar. Oder sie will – eben noch einmal – wichtige Hinweise in Bezug auf den von ihr gestellten Arbeitsauftrag geben.

> 123 Ich
> 124 möchte euch noch mal auf den letzten Absatz hinweisen!

Die Lehrerin kommt tatsächlich noch einmal auf das Arbeitsblatt zurück – so als sei die Ursache für die Verweigerung der Schüler/innen ihr mangelndes Verständnis des Merkmalskataloges. Auch so vermag sie beides: die Erwartung, der Arbeitsauftrag möge erfüllt werden, zu bekräftigen und den offenen Konflikt zu vermeiden (und damit die Möglichkeit auszuschließen, dass er eskaliert.) Hinzu kommt, dass auf diese Weise auch die eigentliche Ursache für die Inaktivität der Schüler/innen kaschiert wird und eine andere Begründung auftaucht: Es liegt nicht am Vorgehen der Lehrerin, der Abstraktheit der Aufgabenstellung und ihrer mangelnden Sinnhaftigkeit, sondern an den Schülern/innen, ihrer mangelnden Intelligenz bzw. daran, dass sie das Arbeitsblatt nicht gründlich gelesen bzw. richtig verstanden haben.

> 124 In
> 125 der ersten Zeile kommen eine oder mehrere Personen vor,
> 126 manchmal auch Tiere!

Das ist ein wörtliches Zitat aus dem Merkmalskatalog des Arbeitsblattes. Dass die Lehrerin es vorliest, bestätigt, was bereits gesagt wurde: Sie versteht den Unwillen der Schüler/innen systematisch falsch, führt ihn implizit darauf zurück, dass sie die Definition von Limericks noch nicht richtig verstanden haben. Genauer gesagt, entweder unterstellt sie, die Schüler/innen hätten den Text auf dem Arbeitsblatt einfach nicht zu Ende gelesen, oder dass sie dies zwar getan haben, aber den Text nicht verstanden haben. Erneut zeigen sich die beiden Facetten des pädagogischen Pessimismus, die Vorstellung von einer intellektuellen Insuffizienz der Schüler/innen sowie die Faulheitshypothese.

> 126 Also überlegt euch Tiere oder eine
> 127 Person,

Das Zitat wird nicht nur vorgelesen, sondern von der Lehrerin zusätzlich kommentiert, indem sie die Seinsaussage in eine Sollensaussage umformuliert, genauer gesagt, in einen Imperativ. Und dieser Imperativ kann als Hilfestellung interpretiert werden, die den Schüler/innen sagt, wie sie mit der Erfüllung des Arbeitsauftrags beginnen könnten. Das heißt, die Lehrerin geht davon aus, dass der Arbeitsauftrag zu komplex ist und dass, wenn er in einzelne Schritte zerlegt wird, er eher von den Schüler/innen ausgeführt werden kann.

Überraschend ist, dass die Lehrerin gerade eine solche Stelle des Arbeitsblattes herausgreift, die zuvor nicht gemeinsam gelesen wurde. Anders gesprochen: Es wird deutlich, dass das Arbeitsblatt nicht komplett gelesen wurde und es stellt sich die Frage, warum dies nicht geschah. Offensichtlich hielt die Lehrerin es nicht für notwendig. Das eigentlich Wichtige – dass der Inhalt irrelevant ist und nur die Form stimmen soll – wurde ja gesagt. Die zusätzlichen Informationen machen in den Augen der Lehrerin die Sache womöglich nur unnötig kompliziert. Nun nimmt sie von dieser Haltung Abstand, bietet eine Konkretion und damit eine Einschränkung der abstrakten Freiheit in der Hoffnung, sie erleichtere es den Schülerinnen, mit der Arbeit zu beginnen.

> 127 ein Name eines Ortes gehört ebenfalls dazu!

Auch das letzte Merkmal des Kataloges auf dem Arbeitsblatt wird von der Lehrerin vorgelesen.

128 SmA: Ey, die will über mich ein Gedicht schreiben!

Mindestens eins der Mädchen hat angefangen sich Gedanken darüber zu machen, was das Thema ihres Gedichts sein könnte. In ihrem Gedicht will sie in irgendeiner Weise auf SmA eingehen, soll SmA vorkommen. SmA hat das mitbekommen und informiert nun die ganze Klasse darüber.

Die Tatsache, dass eine Person begonnen hat sich Gedanken darüber zu machen, wie sie die Aufgabe lösen könnte, könnte nun dazu führen, dass der Widerstand allmählich aufgegeben wird. Es ist einfacher sich gemeinsam, als geschlossene Gruppe den Anforderungen der Lehrerin zu widersetzen – als Einzelner oder in kleinen Gruppen ist es deutlich schwieriger, da dann der Rückhalt durch die Gesamtheit der Klasse fehlt. Nun kann die Lehrerin auf diejenigen verweisen, die ihrer Aufforderung bereits folgen. Der Widerstand kann nun nicht mehr mit Bezug auf den Konsens in der Klasse, sondern nur noch mit Bezug auf die Aufgabe selbst begründet werden, gerät also verstärkt unter Rechtfertigungsdruck. Und sollten noch mehrere Schüler/innen ihn aufgeben, entsteht die Gefahr, dass er so sehr marginalisiert wird, dass er letztlich übergangen werden kann.

Die Schülerin, auf die sich SmA bezieht, hat allerdings auch für alle eine Möglichkeit aufgewiesen, wie die Aufgabe gelöst werden kann, nämlich indem die Gedichte genutzt werden um Beziehungen zwischen den Schülern/innen zu thematisieren und um Beziehungsbotschaften zu senden. Dadurch kann das, was bisher sinnlos zu sein schien, plötzlich einen Sinn bekommen. Die abstakte Forderung zu »limericken«, bekommt einen Inhalt, einen Gegenstand, und die Produktion könnte nun tatsächlich zu dem werden, was als Möglichkeit (aber eben nur abstrakte) von Anfang an in ihr lag: zu einem Prozess der Entfaltung von Subjektivität, der subjektiven Bezugnahme auf Anderes.

129 Lw: Sei doch froh, wenn einer ein Gedicht über dich
schreiben
130 will.

Die Lehrerin hat sofort registriert, dass in dem, was SmA in die Klasse geworfen hat, der Ansatz für die Überwindung der Krise liegt, in die der Unterricht geraten war. Deswegen greift sie die Bemerkung von SmA unmittelbar auf. Allerdings macht sie dies nicht explizit – wie zuvor die Krise nicht offen angesprochen wurde, so wird nun auch deren Lösung nicht als solche thematisiert. Auch vermeidet sie es, von allen Schülern/innen zu verlangen, dass sie – so wie die eine Schülerin – über ihre Mitschüler/innen »limericken«. Vielmehr beschränkt sie sich darauf, die konstative Äußerung von SmA zu bewerten, genauer gesagt, dasjenige, was negativ gedeutet werden könnte (»Das will ich nicht. Wer weiß, was die über mich schreibt.«) eindeutig ins Positive zu wenden: »Dass jemand über dich schreibt, zeigt, dass er auf dich aufmerksam wurde, ist ein Zeichen von Anerkennung, eine Würdigung. Darüber kannst du dich freuen.«

Und an die Schülerin (und mit ihr an alle Schüler/innen) ergeht freilich die Botschaft: Der Weg, den du hier eingeschlagen hast, um die Aufgabe zu bewältigen, ist legitim. Wer möchte, kann ihn ebenfalls beschreiten. Doch stehen freilich nach wie vor auch andere Möglichkeiten offen.

> 130 O.k., dann fangt mal an!

Die Lehrerin legt nach, bekräftigt noch einmal ihre Erwartung. Sie hat die Möglichkeit, dass jetzt »der Damm gebrochen« sein könnte, unmittelbar erkannt und nutzt die Gelegenheit sofort um den Widerstand komplett zu brechen: Da eine Person mit der Bearbeitung der Aufgabe begonnen und gezeigt hat, wie sie angegangen werden könnte, ist jetzt die Aufrechterhaltung der Arbeitsverweigerung nur noch schwer zu legitimieren. Jeder, der sich jetzt noch weigert, kann auf die eine Schülerin verwiesen werden, die zeigt, wie es gehen kann. Mit ihrem »o.k.« bringt die Lehrerin ihre Überzeugung zum Ausdruck, dass die Krise nun vorbei ist – oder sie spielt zumindest diese Überzeugung, so dass es für die Schüler/innen noch schwieriger wird, in ihrer Verweigerungshaltung zu verharren. Es gibt, so signalisiert die Lehrerin allen, jetzt keinen Grund mehr nichts zu tun. Jetzt kann die Arbeit beginnen.

> 130 Bitte das beachten, was wir
> 131 gesehen haben!

Als ob nichts geschehen wäre, kehrt die Lehrerin unmittelbar in die Bahnen der Normalität zurück. So sicher fühlt sie sich, dass sie noch einmal nachlegt und die Beachtung der Elemente des Merkmalskataloges anmahnt.

132 (Unruhe, Diskussionen untereinander, was man schreiben könnte,
133 Schüler schauen durch die Luft, viele schreiben nichts.
134 Lw geht durch die Klasse, versucht den Gruppen zu helfen.
135 SwB läuft durch die Klasse, wirft Papier weg, dann sucht
136 sie das Klassenbuch und schlägt daraufhin anderen
137 Schüler!

Die Bedingungen für die eigenständige Arbeit hält die Lehrerin jetzt für gegeben: Die Schüler/innen wissen, was sie zu tun haben und die Bereitschaft es zu tun ist nun vorhanden. Deswegen überlässt sie die Klasse sich selbst. Die »Stillarbeitsphase« beginnt. In dieser Phase des Unterrichts, in der die Lehrerin nicht mehr von ihrem hervorgehobenen Platz aus an der Front des Klassenraumes das Unterrichtsgeschehen lenkt, sind die Schüler/innen erst einmal sich selbst überlassen. Sie haben einen Arbeitsauftrag, den sie selbstständig bewältigen sollen. Die einen besprechen sich erst einmal untereinander, versuchen mit Hilfe anderer sich klar zu machen, wie sie die Aufgabe lösen könnten, andere versuchen diese Frage alleine zu beantworten und denken still über sie nach.

In welcher »Sozialform« die Schüler/innen arbeiten – ob sie alleine sich dem Arbeitsauftrag zuwenden (Einzelarbeit), ob sie sich mit ihrem Nachbarn oder einer/m anderen Schüler/in zusammen tun (Partnerarbeit) oder kleine Gruppen bilden (Gruppenarbeit), das können sie offensichtlich selbst entscheiden. Dem Transkript zufolge haben sich tatsächlich einige Gruppen gebildet, aber einige Schüler/innen arbeiten wohl auch allein.

Einige Schüler/innen scheinen tatsächlich mit dem Arbeitsauftrag zurecht zu kommen und schreiben etwas auf, andere bringen nichts zu Papier. SwB nutzt den Freiraum, der mit der Stillarbeitsphase gegeben ist, indem sie zunächst etwas tut, bei dem sie vermutlich davon ausgeht, dass es die Lehrerin ihr nicht verbieten wird, was sie also im Rahmen einer Stillarbeitsphase für erlaubt hält: Sie wirft Papier weg (auf dem vielleicht ein erster Versuch zu »limericken« notiert war). Dann »sucht sie das Klassenbuch« – der Grund dafür ist unklar. Jedenfalls wäre sie gewiss dazu in der Lage, auch diese Tätigkeit zu rechtfertigen (wenn die Lehrerin sie fragen sollte, was sie denn gerade macht). Schließlich schlägt sie einen Schüler, und setzt – so lässt sich vermuten – auf diese Weise einen Interaktionsprozess in Gang, der (mindestens) sie selbst und den geschlagenen Schüler für eine Weile von der Verfolgung des Arbeitsauftrages abhalten wird.

138 18 Minuten später…)

Knapp 20 Minuten lang arbeiten nun die Schüler/innen an ihren Limericks, genauer gesagt, einige Schüler/innen. Während dieser Zeit versucht die Lehrerin, so gut sie kann, die Schüler/innen bei ihrer Arbeit zu unterstützen. Dann wendet die Lehrerin sich wieder der ganzen Klasse zu:

139 Lw: Wollen wir mal Zwischenbericht machen?

Die »Stillarbeitsphase« wird von der Lehrerin offiziell beendet. Genauer gesagt, sie wird von ihr unterbrochen, denn die Formulierung »Zwischenbericht« impliziert, dass die Arbeit noch nicht fertig ist und später fortgesetzt werden soll. Gegenstand des »Zwischenberichts« könnten etwa die Probleme sein, die während der Arbeit an den Limericks aufgetreten sind, oder die Schüler/innen teilen der Lehrerin einfach mit, wie weit sie gekommen sind, was sie bisher geschafft haben. Die Lehrerin fordert allerdings nicht einen solchen Zwischenbericht, sondern fragt die Schüler/innen, ob sie einen solchen »machen« wollen, ob sie also eine solche kurze Aussprache möchten oder lieber ihre Arbeit unmittelbar fortsetzen würden.

140 SwD: Ja!

Eine der Schülerinnen gibt eine positive Antwort. Das heißt, sie möchte, dass über den Stand der Arbeit gesprochen wird. Der Grund dafür kann eigentlich nur darin bestehen, dass sie bei ihrer Arbeit auf Schwierigkeiten gestoßen ist, bei denen sie ohne die Hilfe anderer nicht weiterkommt. Hätte sie keine Probleme, würde sie im Gegenteil gerade deswegen gerne über ihre Arbeit sprechen wollen, weil sie glaubt, sie gut bewältigt zu haben, also stolz auf ihr Ergebnis ist, dann wird sie wohl eher warten und sich erst dann melden, wenn die Stillarbeitsphase offiziell beendet ist und nach den Ergebnissen gefragt wird.

141 Lw: Sucht euch eine Stadt und ein Tier aus und versucht da
142 herum Wörter zu bilden. Es muss auch keinen Sinn ergeben!
143 Es kann total blödsinnig sein.

Es wäre eigentlich angemessen gewesen, auf SwD unmittelbar einzugehen und sie zu fragen, warum sie will, dass die Arbeit unterbrochen wird und welche Probleme bei ihrer Arbeit aufgetreten sind. Doch SwD wird einfach übergangen. Auch wird den anderen Schülern/innen nicht die Möglichkeit gegeben einen »Zwischenbericht« zu geben. Stattdessen erklärt die Lehrerin noch einmal, wie man Limericks schreibt – als ob die Schüler/innen noch gar nicht mit der Arbeit begonnen hätten. Auffällig ist, dass sie zum einen zwei Elemente aus dem Merkmalskatalog aufgreift, die sie kurz vor der Stillarbeitsphase bereits hervorgehoben hatte, die sie nachgetragen hatte, um den Schülern/innen den Einstieg in die Arbeit zu erleichtern. Sie spricht aber nicht mehr von Personen, die in dem Gedicht vorkommen sollen (so wie SmA in dem Gedicht einer Klassenkameradin), sondern nur noch von einem Tier und einer Stadt. Ist ihr die Bezugnahme auf Personen nun nicht mehr recht? Was könnte der Grund dafür sein?

Zum anderen fällt auf, dass die Lehrerin noch einmal dasjenige herausstellt, was ihr am wichtigsten zu sein scheint. Womöglich versuchen einige Schüler/innen etwas Sinnvolles zu schreiben. Das ist aber völlig überflüssig. Es reicht doch völlig aus, wenn sie um die zwei ausgewählten Wörter – die Bezeichnung einer Stadt und eines Tieres – irgendwelche anderen Wörter gruppieren. Wie sie dies tun, scheint für die Lehrerin inzwischen auch belanglos geworden zu sein – von der Einhaltung der Form ist nicht mehr die Rede. Hauptsache ist, die Schüler/innen machen überhaupt irgendetwas, und dies kann – dies betont sie extra noch einmal – »total blödsinnig« sein. Die Ansprüche werden auf ein Niveau zurückgeschraubt, das kaum noch zu unterbieten ist.

144 (3 Minuten lang große Unruhe)

Nach der Bemerkung der Lehrerin wird weder – im Sinnes eines »Zwischenberichts« – über den Stand der Arbeit noch über etwaige Probleme gesprochen. Diese Möglichkeit ist von der Lehrerin »abgewürgt« worden. Ihr Verhalten hat gezeigt, dass es ihr nicht darum geht, über die Probleme zu reden, sondern Informationen nachzureichen, von denen sie denkt, dass die Schüler/innen sie nicht haben (obwohl sie bereits erwähnt wurden und auch von allen noch einmal auf dem Arbeitsblatt nachgelesen werden können) und deren Fehlen dafür verantwortlich sei, dass nicht alle Schüler/innen munter Limericks schreiben. Aber auch die Arbeit an den Limericks wird nicht fortgesetzt – dafür wäre Ruhe (wie es der Begriff »Stillarbeit« besagt) notwendig. Dafür sorgen jetzt aber nicht nur die Schüler/innen, die zuvor nicht gearbeitet haben, sondern wohl auch diejenigen, die bei ihrer Arbeit auf Probleme gestoßen sind, die jetzt nicht im Plenum thematisiert werden (wie es die Lehrerin versprochen hatte), sowie schließlich auch diejenigen, die ihre Arbeit bereits abgeschlossen haben. Während vor der Unterbrechung die Schüler/innen, die noch nicht fertig sind, noch hätten weiter arbeiten können, wird es nun schwierig, ja, unmöglich sein, die Arbeit wieder aufzunehmen.

> 145 Drei Schüler lesen nach einander ihren Limerick vor

Zunächst einmal ist es erstaunlich, dass die Stillarbeitsphase nicht offiziell von der Lehrerin beendet wird und sie fragt, wer denn seinen Limerick vortragen möchte. Die Lehrerin hat »die Fäden« offensichtlich nicht mehr »in der Hand«, drei Schüler haben eigenmächtig die Initiative ergriffen und präsentieren ihre Ergebnisse.

Dann kann festgestellt werden, dass es zumindest diesen drei Schülern gelungen zu sein scheint, den Arbeitsauftrag zu erfüllen und zu »limericken«. Das heißt sie haben die Merkmale verstanden, sind durch die Impulse, die von der Lehrerin und einer ihrer Mitschülerinnen kamen, angeregt worden und tatsächlich kreativ geworden. Vieles von dem, was die Lehrerin erreichen wollte, ist tatsächlich eingetreten. Ihr Unterrichtskonzept ist – so gesehen – aufgegangen.

Nun tragen also drei Schüler ihre Ergebnisse vor. Wie reagiert die Lehrerin darauf?

> 147 Die Lehrerin schluckt und blickt kopfschüttelnd für
> kurze Zeit auf
> 148 den Boden

Was ist passiert? Wie erklärt sich die Reaktion der Lehrerin? Die Ergebnisse, die die drei Schüler vorgetragen haben, sind für die Lehrerin so niederschmetternd, dass es ihr die Sprache verschlägt. Sie sagt nichts, sie schluckt nur, sie wendet ihren Blick von den Schülern/

innen ab, senkt ihn zu Boden und schüttelt den Kopf. Was bedeutet diese Geste? In ihr kommt eine tiefe Frustration über die Ergebnisse der Schüler zum Ausdruck. Und diese wird – das ist das Entscheidende – non-verbal, körpersprachlich zum Ausdruck gebracht. Im Medium der propositional ausdifferenzierten Sprache hätte die Lehrerin entweder die Schüler einfach zurecht weisen, ihnen sagen können, dass ihr Ergebnis miserabel bzw. nicht akzeptabel ist. Oder sie hätte konkret auf die Produkte eingehen und benennen können, was sie an diesen für schlecht oder für problematisch hält. Doch das tut sie nicht. Sie wendet sich vielmehr von den Schüler/innen ab, beendet den Blickkontakt mit ihnen und richtet ihren Blick auf den Boden. Mit dieser Geste signalisiert sie den Schülern/innen, dass sie mit ihnen nicht mehr (verbal) kommunizieren will. Mit ihrem Kopfschütteln bringt sie zum Ausdruck, dass die Ergebnisse in keiner Weise ihren Erwartungen entsprechen und von ihr nicht akzeptiert werden. Beide Gesten in Kombination enthalten die Botschaft: »Die Ergebnisse sind so schlecht, so katastrophal, dass ich nicht mit euch über sie sprechen kann und will.« Darüber hinaus kann die Abwendung von den Schülern/innen auch so gedeutet werden, dass die Lehrerin sich gewissermaßen mit ihr aus der Klasse zurück und auf sich selbst (be)zieht. Das heißt, die Ergebnisse haben sie so sehr erschüttert, dass sie sich durch sie massiv in Frage gestellt sieht.

Was könnte konkret vorgefallen sein? Was könnte die Lehrerin zu ihrer Reaktion veranlasst haben? Es ist kaum vorstellbar, dass sie so extrem reagiert, weil eine oder mehrere formale Eigenschaften von den Schülern/innen nicht berücksichtigt wurden. Dann hätte sie problemlos korrigierend eingreifen können. Die Ursache für ihre Reaktion kann nur auf der inhaltlichen Ebene der vorgetragenen Limericks liegen. Die auf dieser Ebene vorhandene Freiheit wurde auf eine Weise genutzt, mit der sie nicht gerechnet hat und die sie furchtbar entsetzt, womöglich beschämt. Die Schüler haben vermutlich den Hinweis, das Gedicht könne durchaus »blödsinnig sein«, auf eine Weise genutzt, dass ein Unsinn entstanden ist, der aus ihrer Sicht vielleicht als amüsant erscheint und von dem sie hoffen, dass auch andere ihn lustig finden. Für die Lehrerin gilt dies jedoch nicht. Das Fatale ist, dass die Lehrerin letztlich aber die Schüler schwerlich für ihr Verhalten kritisieren kann, denn diese haben ja nur das getan, wozu die Lehrerin sie aufgefordert hatte. Wahrscheinlich hätte sie aber gerne etwas gesagt, hätte gerne Kritik geäußert. Doch diese

»schluckt« sie hinunter. Letztlich bleibt ihr in dieser Situation wohl nichts anderes übrig, als ihre Kritik hinunterzuschlucken, denn die Schüler/innen könnten die Kritik entkräften, indem sie der Lehrerin ihre eigenen Worte entgegen halten.[40]

Wie kann es nun weiter gehen? Ist es von diesem Tiefpunkt, diesem Nullpunkt aus überhaupt noch möglich den Unterricht fortzusetzen?

> 149 Lw: O.k.!

Mit einem »o.k.« schließt die Lehrerin einfach die Episode ab. Es wurden einige Ergebnisse vorgetragen – damit sind die Bedingungen eines geregelten Unterrichtsverlaufs erfüllt. Nur auf dieses formale Moment kann sich das »o.k.« der Lehrerin beziehen. Zu der inhaltlichen Besprechung der Ergebnisse, die notwendig gewesen wäre, kann es jetzt nicht mehr kommen.

Worin besteht nun der nächste Punkt, zu dem die Lehrerin überleitet?

> 149 Als Hausaufgabe überdenkt ihr noch mal euren Limerick

Mit der Stellung der Hausaufgabe bringt die Lehrerin indirekt noch einmal zum Ausdruck, dass sie mit den Ergebnissen der Stillarbeit nicht zufrieden ist. Auch kann man sie als Ausdruck der Anerkennung dafür sehen, dass eine Reflexion über die von den Schülern/innen produzierten Limericks notwendig ist. Doch hätte diese im Unterrichtsgespräch selbst, angeleitet durch die Lehrerin geschehen können, ja, müssen, statt dessen wird sie nun den Schülern/innen als Hausaufgabe abverlangt. Was sie selbst, die Lehrerin nicht initiiert

40 Die Gedichte, welche die Schüler/innen verfasst haben, stehen z.T. zur Verfügung. Sie sind tatsächlich – vor allem aufgrund ihrer obszönen Passagen – schockierend. Die Lehrerin wird vermutlich auch deswegen mit Entsetzen reagiert haben, weil in einem der Gedichte auch auf sie Bezug genommen wird. Was die Schüler/innen, zumindest der eine, der dieses Gedicht geschrieben hat, von ihrem Unterricht hält, kommt hier völlig unverblümt und direkt zum Ausdruck:
Frau Lw die will uns zu viel fragen
weis aber selber nicht von den fragen
sie denkt wir bekommen hier was mit
dabei ist das alles der größte shit
dabei dreht sich der Magen.

hat, soll nun von den Schüler/innen eigenständig geleistet werden. Mit der Verlagerung dieser Bürde in die Hausaufgabe entlastet die Lehrerin sich. Doch dass die Schüler/innen sie alleine vollziehen, ist äußerst fraglich, denn die Lehrerin nennt überhaupt keine weiteren Kriterien oder Fragestellungen, unter denen die geforderte Reflexion stattfinden könnte.

> 150 und versucht einen weiteren zu schreiben!

Die Lehrerin stellt noch eine zweite Hausaufgabe: die weitere Produktion eines Limericks. Und das heißt: Sie hält nach wie vor an dem Glauben fest, dass die Produktion von Limericks ein sinnvolles Unternehmen ist. Als ob sich nicht soeben in aller Deutlichkeit gezeigt hätte, wie problematisch diese Aufgabe ist, stellt sie diese einfach noch einmal. Daraus lässt sich nur schließen, dass das Scheitern des Unterrichts, das sie soeben erlebt, das sie sehr frustriert und in eine tiefe Krise gestürzt hat, von der Lehrerin nicht ursächlich auf ihr Unterrichtskonzept zurückgeführt wird – folglich müssen die Schüler/innen für es verantwortlich sein. Diese Verkennung der eigentlichen Ursache und das Festhalten an dem Arbeitsauftrag zeigt, dass es sich bei den Überzeugungen der Lehrerin um eine »Ideologie« handelt und zwar in dem Sinne, dass sie an einem Vorstellungskomplex festhält, der gegen ein Scheitern an der Realität immun ist. Und diese Ideologie hat, dies wurde überaus deutlich, zwei Seiten, die komplementär aufeinander bezogen sind, sich also gegenseitig stützen: das Misstrauen in die Schüler/innen, der pädagogische Pessimismus und das absolute, ja, geradezu blinde Vertrauen in die Didaktik (genauer gesagt, in die Didaktik eines produktionsorientierten Unterrichts).

> 151 (während Hausaufgaben erteilt werden, herrscht große Unruhe,
> 152 Schüler laufen durch die Klasse, manche sitzen mit dem
> 153 Rücken zum Lw! 4 Schüler begeben sich zum Tischfußball,
> 154 der in der Mitte des Klassenzimmers steht. Die HA werden
> 155 nicht notiert -> Stundenende!)

Die Unterrichtsordnung, auf welche die Lehrerin anfangs so großen Wert gelegt hat, ist vollständig zusammengebrochen. Ohne dass die Lehrerin die Stunde offiziell beendet hat, gerät alles aus den Fugen.

(Die Lehrerin packt noch vor Klingeln ihre Tasche und begibt sich Richtung Tür. Als es klingelt verlässt sie die Klasse)

Es wird nicht versucht, das Chaos wieder zu beseitigen und die Ordnung wieder herzustellen, damit ein geregeltes Stundenende herbeigeführt werden kann. Vielmehr hat die Lehrerin aufgegeben und läuft davon. Bezeichnend ist, dass sie nicht, bevor es geklingelt hat, den Raum verlässt: Obwohl der Unterricht für die Lehrerin in einem Fiasko endete, hält sie sich an ihre Pflichten. So wird sie auch weiterhin alles das tun, was gemäß der Lehrerrolle ihre Aufgabe ist. Der Betrieb bleibt aufrecht erhalten, auch wenn das Geschehen seinen Sinn längst verloren hat.

Schlussbemerkung

Wie ist die analysierte Unterrichtsstunde abschließend zu sehen? Auf der einen Seite ist festzuhalten, dass diese Stunde in gewisser Weise eine ganz normale Stunde ist, denn es ist gang und gäbe, dass im Deutschunterricht über Gedichte gesprochen wird (und gelegentlich wird in diesem Zusammenhang auch auf das Thema »Limericks« eingegangen). Auch ist die Art, wie das Thema in der Stunde behandelt wird, nicht ungewöhnlich: Es wird in der analysierten Stunde mit gängigem Material gearbeitet – die Verwendung von Arbeitsblättern ist weit verbreitet –, es werden übliche Methoden zum Einsatz gebracht – das Lehrer-Schüler-Gespräch, ein kreativer Arbeitsauftrag –, und es lassen sich normale Sozialformen – der Frontalunterricht und die Einzelarbeit – beobachten. Schließlich verläuft die Stunde nach einem üblichen Schema[41]: Sie beginnt mit einer Phase, in der an den Stand, auf dem die Schüler/innen sich befinden, angeknüpft wird (»Ausgangsstufe«), es folgt eine Phase, in der Neues eingeführt wird, an dem sodann gearbeitet wird (»Erweiterungsstufe«). In der dritten Phase wird über die Ergebnisse der Arbeit gesprochen (»Ergebnisstufe«) und in der vierten das Gelernte weitergeführt – hier mit der Hausaufgabe, die es ermöglichen soll, in der nächsten Stunde an das Vorangegangene anzuknüpfen (»Anschlussphase«).

In vielerlei Hinsicht ist die analysierte Stunde also eine ganz normale Stunde – viele andere Stunden laufen in ähnlicher Weise ab. Auch lässt sich sagen, dass in dieser Stunde verschiedene Möglichkeiten für einen »guten Unterricht« enthalten sind, z. B. die Möglichkeit Limericks zu lesen, sie auf sich wirken zu lassen und sodann zu fragen, worauf ihre Wirkung beruht, oder auch die Möglichkeit, anhand von mehreren Beispielen die Gemeinsamkeiten von Limericks zu erarbeiten (um im Folgenden eventuell sogar auf einer Metaebene die Problematik einer einheitlichen Definition dieser »Form von Gedichten« zu thematisieren). Im Prinzip hätte auch eine kreative Beschäftigung mit Limericks sinnvoll sein können – wenn sie denn gut vorbereitet worden wäre.[42]

41 Siehe hierzu z. B. Prange, Klaus, Bauformen des Unterrichts. Eine Didaktik für Lehrer, Bad Heilbrunn/Obb. 1983.

42 Zum Beispiel hätte sie dadurch vorbereitet werden können, dass imagi-

Auf der anderen Seite aber ist deutlich geworden, dass diese Stunde ganz und gar nicht normal verlief, dass die verschiedenen Möglichkeiten, die in ihr vorhanden waren, nicht genutzt wurden und sie schließlich zu niederschmetternden Ergebnissen führte. Die Ursache dafür ist – das hat die Analyse hoffentlich in überzeugender Weise gezeigt – nicht in erster Linie bei den Schülern/innen zu suchen. Denn mehrfach wurde im Laufe der Analyse deutlich, dass diese grundsätzlich kooperationsbereit sind, dass sie also willig und bereit sind, ihr Wissen und ihr Können in den Unterricht einzubringen. Von ihnen wurde weder die Autorität der Lehrerin noch der Sinn des Unterrichts in Frage gestellt – obwohl dies durchaus naheliegend gewesen wäre. Kein/e Schüler/in fragt, was die Beschäftigung mit Gedichten denn »bringen« soll bzw. welchen Sinn es macht, über Limericks zu sprechen.[43] Nur an einer Stelle waren die Schüler/innen widerständig, nämlich als von ihnen verlangt wurde, selbst Limericks zu verfassen. In dieser Situation sträubten sie sich – zunächst. Und dies hatte nicht einfach nur damit etwas zu tun, dass von ihnen verlangt wurde, praktisch tätig zu werden, dass sie sich also aus der Position des Beobachters bzw. des sich – mehr oder weniger intensiv – am Gespräch Beteiligenden heraus begeben und aktiv werden sollten. Eine gewisse Trägheit mag zwar auch eine Rolle gespielt haben, doch schwerwiegender war, dass der Arbeitsauftrag nur in äußerst reduzierter Form vorbereitet und sein Sinn für die Schüler/innen kaum erkennbar war.

Die entscheidende Ursache für den Verlauf des Unterrichts ist in dem pädagogischen Pessimismus der Lehrerin zu sehen bzw. in deren negativer Anthropologie des Schülers. Die Ergebnisse, welche die Schüler/innen am Ende präsentieren, könnten in der Tat als Beleg für den pädagogischen Pessimismus der Lehrerin angesehen werden: In ihren Limericks äußern sich die Schüler ungehemmt zu dem Unterricht – sie greifen die Lehrerin persönlich an, stellen ihre fachliche Kompetenz in Frage und erklären ihren Unterricht für »den größten shit« –, und sie dichten obszöne Verse, die wahrlich scho-

när eine konkrete Situation konstruiert wird, in der es sinnvoll ist, Limericks zu verfassen.

43 Auch vom Standpunkt einer Didaktik aus, die nach der gegenwärtigen und der zukünftigen Bedeutung der »Sache« für die Schüler/innen fragt (wie diejenige von Klafki), ließe sich die Beschäftigung mit Limericks problematisieren.

ckierend sind. Kommt in diesen »Gedichten« also das wahre »Wesen« der Schüler/innen zum Ausdruck? Es scheint so, als habe der kreative Arbeitsauftrag den Schülern/innen ein Ventil geboten: Auf einmal aus der gängelnden Führung durch die Lehrerin entlassen, plötzlich einen Freiraum vor sich habend, der ihnen zuvor nicht gegeben wurde, offenbaren sie ihr »wahres Wesen«. Doch auch wenn dies tatsächlich so sein sollte – und ohne Frage kann davon ausgegangen werden, dass die Schüler/innen »schwierig« sind und es nicht einfach ist, sie zu unterrichten, zumal unter den gegebenen Bedingungen –, so bleibt doch festzuhalten, dass den Schülern/innen zuvor kaum eine Chance gegeben wurde, sich von einer anderen Seite zu zeigen. Denn der Unterricht der Lehrerin war von Anfang an – und absolut konsequent – durch das Misstrauen gegenüber den Schülern/innen, durch den pädagogischen Pessimismus geprägt. Mit dem Arbeitsauftrag zu »limericken« setzte die Lehrerin dann aber plötzlich ganz andere Schüler/innen voraus als diejenigen, die sie kurz zuvor noch glaubte vor sich zu haben. Plötzlich hatte sie ein großes Zutrauen in die Schüler/innen, plötzlich glaubte sie, dass diese die ihnen gegebene Freiheit sinnvoll nutzen und künstlerisch kreativ werden würden. In dieser Situation, in der die Schüler/innen von der Lehrerin plötzlich als geniale Stehgreif-Poeten gedacht wurden, zogen diese es vor, das Bild, das die Lehrerin sich zuvor von ihnen gemacht hatte, zu bestätigen.[44]

Der pädagogische Pessimismus zog sich wie ein roter Faden durch die gesamte Stunde und hat sich – das sei abschließend noch einmal gesagt – auf verschiedenen Ebenen gezeigt: Das Misstrauen gegenüber den Schülern/innen manifestierte sich schon zu Beginn der Stunde auf der elementaren Ebene des Arbeitsbündnisses. Obwohl die Lehrerin von der Freiwilligkeit der Teilnehme am Unterricht hätte ausgehen können und damit von der Akzeptanz der Ordnung des Unterrichts, zweifelte sie von Anfang an massiv an dieser. Sodann wurde deutlich, dass das Misstrauen auch auf den anderen Ebenen des Unterrichts – auf derjenigen der Erziehung, der Didaktik und der Bildung – in verschiedenen Prämissen bzw. Vorstellungen wirksam ist:

44 Dennoch bemühten sie sich aber, auch in dieser Situation insofern noch »die Form zu wahren«, als sie die formalen Vorgaben einzuhalten versuchten – wie es die Lehrerin von ihnen verlangt hatte.

- als Vorstellung, dass die Schüler/innen (zumindest die männlichen Schüler) sich uneingeschränkt an die Ordnung des Unterrichts anzupassen, ja, sich ihr zu unterwerfen haben. Werden die Schüler/innen nicht diszipliniert, zur konsequenten Beachtung der Ordnung angehalten und wird keine Drohkulisse aufgebaut, die sie permanent fürchten lässt, »einen auf den Deckel zu bekommen«, bricht das Chaos aus.
- als Vorstellung von den Schülern/innen (komplementär zu der zuerst genannten), sie seien nicht intrinsisch durch Normen bzw. Normvorstellungen geleitet.
- als Vorstellung, dass die Schüler/innen nicht zu einem eigenständigen und abstrahierenden Denken in der Lage sind. Sie müssen eng geführt werden und dürfen nicht durch die »Zumutung« zu abstraktem Denken überfordert werden. Der Stoff muss radikal vereinfacht werden, damit die Schüler/innen mit ihm umgehen können.

Im Widerspruch dazu stand jedoch:

- die Vorstellung, dass die Schüler/innen kreativ werden und im Prozess künstlerischer Produktion ihre Subjektivität entfalten können. Genauer gesagt, an zwei Stellen schien der pädagogische Pessimismus keine Rolle zu spielen: Zum einen an jener Stelle, an der eine Schülerin nicht nur zu spät zum Unterricht kam, sondern darüber hinaus auch noch den Unterricht störte. Die Lehrerin löste diese Situation, indem sie dasjenige Verhalten, was zunächst als störend erschien, als Beschäftigung mit Dingen des Unterrichts deutete. Zum anderen schien der zentrale Arbeitsauftrag im Widerspruch zum pädagogischen Pessimismus der Lehrerin zu stehen, da er viel von den Schülern/innen verlangte. Diese letzte Deutung ist jedoch keineswegs zwingend. Vielmehr kann im Gegenteil behauptet werden, dass beides zwei Seiten ein und derselben Medaille sind: Dem pädagogischen Pessimismus auf der einen Seite entspricht ein großer Optimismus, der durch nichts zu erschütternde Glaube an die Didaktik, genauer gesagt, an die Didaktik eines handlungsorientierten Unterrichts.[45]

45 Es gibt ein zweites Transkript, das dokumentiert, dass derselbe Unterricht zu einem anderen Zeitpunkt (wahrscheinlich) von derselben Lehrerin noch (oder schon) einmal durchgeführt wurde. Dies bestätigt die Annahme, es mit einem »ideologischen Komplex«, der durch Erfahrung nicht

Das Fatale liegt darin, dass nicht nur der Glaube an die Didaktik zu einer Ideologie geworden zu sein scheint, sondern auch der pädagogische Pessimismus gegen seine Widerlegung immun ist. Denn er hat die ihm immanente Tendenz, sich immer wieder selbst zu bestätigen. Dies hat die Analyse im Detail gezeigt, dies lässt sich aber auch auf die ganze Stunde beziehen: Ausgehend von der Prämisse, dass sich mit den Schüler/innen dieser Klasse »eh nicht viel machen lässt«, hat die Lehrerin – so ist anzunehmen – einen Stoff ausgewählt, den sie für besonders »schülernah« hielt und von dem sie glaubte, dass er die Schüler/innen nicht intellektuell überfordert, ja, bei dem diese nicht viel denken und verstehen, sondern einfach nur etwas »machen« müssen – irgendwie. Dadurch, dass die Lehrerin scheitert, dass der Unterricht misslingt, wird sie sich in ihrer Vorannahme, in ihrem pädagogischen Pessimismus erneut bestätigt sehen. So entsteht ein circulus vitiosus, aus dem ein Ausbruch kaum noch vorstellbar ist.

Die Bedeutung des pädagogischen Pessimismus ist im Hinblick auf das vorliegende Beispiel in mehrfacher Hinsicht deutlich geworden und es hat sich bestätigt, dass er als ein Faktor angesehen werden kann, der Unterricht maßgeblich zu prägen vermag – und zwar in einem negativen Sinn. Aber tritt er tatsächlich häufig auf oder ist nicht vielmehr das analysierte Beispiel eine Ausnahme – und der pädagogische Pessimismus also ein zu vernachlässigendes Phänomen? Der Gedanke liegt nahe, die Klärung dieser Frage der quantitativen Forschung zu überlassen. Doch wie sollte sie diese beantworten? Da sich der pädagogische Pessimismus nicht an bestimmten Inhalten festmachen lässt, sondern ein strukturelles Phänomen darstellt, ist er für die quantitative Forschung nicht greifbar. Wie sollte ein Fragebogen zum pädagogischen Pessimismus aussehen? Nein, eine weitergehende Erforschung dieses Phänomens ist nur auf dem Weg über qualitative Forschung denkbar, und zwar indem nach anderen Fällen gesucht wird, nach solchen, die zu dem vorliegenden Fall möglichst kontrastiv sind. So wäre es etwa denkbar, nach möglichen Ausprägungen des pädagogischen Pessimismus in anderen Jahrgangsstufen und an Schulen anderer Schulformen zu fragen. Dass der pädagogische Pessimismus an der Hauptschule relativ weit verbreitet ist, ist zu befürchten angesichts dessen, dass er selbst dann

mehr zu erschüttern ist, zu tun zu haben. (Siehe http://archiv.apaek.uni-frankfurt.de/421)

noch dort erscheint, wenn – wie in unserer Fallstudie – die allgemeine Schulpflicht nicht mehr vorhanden ist. Vermutlich wird er aber auch an Realschulen und Gymnasien zu finden sein. Wahrscheinlich ist er dort jedoch anders modelliert, d.h. nicht mit einer so weit gehenden Entmündigung der Schüler/innen verbunden. Vielmehr werden den Schülern/innen dort – so ist anzunehmen – mehr Freiräume zugestanden, so dass sie die Möglichkeit haben, sich von den Erwartungen der Lehrer bzw. von den mit ihrer Rolle verbundenen Verpflichtungen ein Stück weit zu distanzieren und ihren Eigensinn – in Maßen – zum Ausdruck zu bringen.

Literatur

Allert, Tilman, Der deutsche Gruß. Geschichte einer unheilvollen Geste, Frankfurt am Main 2005.

ApaeK – Archiv für pädagogische Kasuistik (http://www.apaek.uni-frankfurt.de)

Brockhaus Enzyklopädie, Bd. 11, Wiesbaden 1970.

Combe, Arno und Werner Helsper, Was geschieht im Klassenzimmer? Perspektiven einer hermeneutischen Schul- und Unterrichtsforschung. Zur Konzeptualisierung der Pädagogik als Handlungstheorie, Weinheim 1994.

Dahrendorf, Ralf, Homo Sociologicus. Ein Versuch zur Geschichte, Bedeutung und Kritik der Kategorie der sozialen Rolle, Wiesbaden 1977.

Gruschka, Andreas, Didaktik. Das Kreuz mit der Vermittlung. Elf Einsprüche gegen den didaktischen Betrieb, Wetzlar 2002.

– Auf dem Weg zu einer Theorie des Unterrichtens. Die widersprüchliche Einheit von Erziehung, Didaktik und Bildung in der allgemeinbildenden Schule, Frankfurt am Main 2005.

http://www.apaek.uni-frankfurt.de/show.php?docid=13

http://archiv.apaek.uni-frankfurt.de/ 421

Lehrplan Deutsch Hauptschule, http://www.kultusministerium.hessen.de

Oevermann, Ulrich, Professionalisierungsbedürftigkeit und Professionalisiertheit pädagogischen Handelns, in: Kraul, Margret, Winfried Marotzki und Cornelia Schweppe (Hg.): Biographie und Profession, Bad Heilbrunn/Obb. 2002, S. 19-63.

– Objektivität des Protokolls und Subjektivität als Forschungsgegenstand, in: Zeitschrift für qualitative Bildungs–, Beratungs- und Sozialforschung, 5. Jg., Heft 2/2004, S. 311-336.

– Die elementare Problematik der Datenlage in der quantifizierenden Bildungs- und Sozialforschung, in: Sozialer Sinn, Heft 3, 2004, S. 413-476.

Prange, Klaus, Bauformen des Unterrichts. Eine Didaktik für Lehrer, Bad Heilbrunn/Obb. 1983.

Twardella, Johannes, Rollenförmig oder als »ganze Person«? Ein Beitrag zur Diskussion über die Professionalisierungstheorie und die Struktur pädagogischen Handelns, in: Pädagogische Korrespondenz. Zeitschrift für kritische Zeitdiagnostik in Pädagogik und Gesellschaft, Heft 33, 2004/2005, S. 65-74.

Wernet, Andreas, Einführung in die Interpretationstechnik der objektiven Hermeneutik, Opladen 2000.

– Pädagogische Permissivität. Schulische Sozialisation und pädagogisches Handeln jenseits der Professionalisierungsfrage, Opladen 2003, S. 111-120.

– Pädagogische Professionalität »außer Dienst«. Eine Replik auf Twardella, in: Pädagogische Korrespondenz. Zeitschrift für kritische Zeitdiagnostik in Pädagogik und Gesellschaft, Heft 33, 2004/2005, S. 75-86.

– Hermeneutik – Kasuistik – Fallverstehen. Eine Einführung, Stuttgart 2006.

Das Transkript

1 Lw: So, einen wunderschönen guten Morgen!
2 S(alle): Guten Morgen
3 Lw: SmD, ich wills nicht hundertmal sagen. Dreh dich um und
4 schau zu mir. Sonst setz ich dich wieder hier her (zeigt
5 auf leeren Stuhl)
6 SmD: (nickt zustimmend)
7 Lw: So, Thema (.) unser Thema ist: SwA
8 SwA: Ähm, ähm, Gedichte
9 Lw: Gedichte! Was ist ein Gedicht? SmB
10 SmB: Das sind Kurztexte
11 (10 sec Pause)
12 Lw: Hmhm (..) Wir haben ja gesagt, es gibt sehr unterschiedliche
13 Formen von Gedichten, und wir werden einige, und ihr
14 werdet einige kennen lernen, die euch wahrscheinlich noch
15 nicht untergekommen sind oder aber ihr habt schon mal
16 davon gehört. SwA (3 sec) hat jemand schon mal was von
17 einem Limerick gehört?
18 SwF: Von einem was?
19 SwD: Schon mal gehört!
20 Lw: Schon mal gehört. (geht an Tafel und schreibt »Limerick«
21 an)
22 SmA: Ein Name?
23 Lw: Ein Name? Nein!
24 SmD: Ein spezielles Gedicht!
25 Lw: hmhm
26 SmA: Ja, dann erklär mal, SwD
27 Lw: Das sagt euch jetzt erst mal nichts? Oder wie?
28 SmE: Spezielle Art?
29 Lw: Ja, eine ganz spezielle Art. Ich habe jetzt ein
30 Arbeitsblatt dazu, das lass ich einmal rumgehen.
31 (SmC hält alle Zettel in der Hand und weiß nicht, was er damit
32 machen soll)

33 Lw: Du nimmst dir ein Blatt und gibst den Rest weiter
34 SmB: SwH kommt schon wieder zu spät!
35 SmC: Hock dich hin
36 (7:54Uhr)
37 Lw: Haben die Kopien gereicht? Denke schon, oder? Habt ihr
38 alle etwas? (5 sec Pause)
39 Lw: O.k.! Wenn wir das gelesen haben, wissen wir, was ein Limerick
40 ist! SwH, es ist o.k., wenn du zu spät kommst, aber wir
41 müssen jetzt nicht…
42 SwH: Nein, ich muss aber…
43 Lw: Ja, du hast das Blatt vor dir liegen, mehr ist noch nicht.
44 Wer möchte vorlesen? SmC, lies mal (SmC meldet sich)
45 SmC: Themen, oder? Der Limerick stammt angeblich aus Irland,
46 mindestens trägt er den Namen einer südirischen Stadt.
47 Sicher hat er etwas vom liebevollen, leicht verschrobenen
48 Humor der Iren mitbekommen.
49 Lw: O.k., die Aufgabe. Ziele können wir weglassen. SmA, lies mal
50 SmA: Schau dir das Beispiel von Benny aus der 8. Klasse an
51 SwB: Bernie!
52 SmA: Was?
53 SwB: Da steht Bernie!
54 SmA: Hab ich doch gesagt!
55 SwB: Du hast Benny gesagt! Ach, les einfach weiter
56 SmA: Es war mal ein Trio aus Rio
57 Die waren ganz aus auf (das) Bio.
58 Sie aßen nur Korn
59 Aus dem Hause Reform
60 Und sangen laut: »O sole mio!«
61 Lw: O.k., SwE
62 SwE: Ein Limerick ist ein Gedicht, das aus fünf Zeilen
63 besteht.
64 Die Zeilen 1, 2 und 5 sind gleich lang und reimen sich – die
65 Zeilen 3 und 4 sind kürzer und reimen sich auch.
66 Kurzformel: a-a-b-b-a
67 Der Inhalt ist weniger wichtig als die Form: Er darf

widersinnig und sicher nicht bierernst gemeint sein. Hauptsache, die Form stimmt! In der ersten Zeile kommen eine oder mehrere Personen vor, manchmal auch Tiere. Der Name eines Ortes gehört ebenfalls dazu, was allerdings mehr dem Reimen als der geografischen Genauigkeit dient.

Lw: O.k.! Ist das klar? Also, wenn ihr euch das Beispiel anguckt, überprüfen wir noch mal, was ein 100%iger Limerick ist. Die Punkte, die da aufgeführt sind. Also die Zeilen. Es muss aus fünf Zeilen bestehen, macht es das?

SmD: Nein!! Ah, doch, mein ich!

Lw: (ruft) SmF, SmF

SmF: Ja?

Lw: Hast du dich gemeldet?

SmF: Klar meld ich mich. Es besteht schon aus fünf Zeilen. Da steht die Zeilen 1,2 und 5 müssen gleich lang sein. Also die ersten zwei haben sieben Wörter, alle beide. Die fünfte Zeile hat sechs Wörter.

Lw: O.k.! Ich denke, das eine Wort ist nicht so ausschlaggebend, aber welches Kriterium erfüllen sie denn, die Zeilen 1,2 und 5?

(Zwei Schüler rufen wild durch die Klasse)

Lw: Ich muss jetzt nix sagen, o.k.?

SwF: Die reimen sich, die letzten Wörter

Lw: Genau! Und die Zeilen drei und vier, was ist mit denen? Die sollen kürzer sein und reimen sich auch. SmG, stimmt das?

SmG: Äh, was? 3 und 4? Ja, die reimen sich alle.

Lw: O.k.! Die Kurzformel, könnt ihr da etwas mit anfangen?

S (alle): Nein!

Lw: a-a-b-b-a, könnt ihr damit etwas anfangen? Was soll das denn bedeuten?

SmG: lang, lang, kurz, kurz, lang
Lw: Was? Lang, lang, kurz, kurz, lang? (lacht)
SwD: Das bezieht sich bestimmt auf die Zeilen 1, 2, 3, 4, 5
Lw: Ja, genau! Und was, auf was bezieht sich das?
SwG: Auf Reim, auf Reimen?
Lw: Ja, genau, auf die Endungen. So, nun versucht mal zu limericken
Einige Schüler: Och, nee!
Lw: Oh, jaa!
SmH: Ich bin so-o-o müde!
(Kein Schüler macht etwas)
Lw: Also, dazu braucht man natürlich ein Heft! Dazu braucht man einen Stift. Und dann kann man anfangen.
Lw: SmH, was sollst du machen?
SmH: Äh, einen…?
(großes Gemurmel)
Lw: Bitte?!
SmH: Einen Limerick machen
Lw: Ja!
(nach 1 Minute)
Lw: Habt ihr jetzt alle eure Stifte und Hefte draußen?
SmE: Hä? Was?
(wieder große Unruhe)
Lw: Hört mal, ich möchte euch noch mal auf was hinweisen! Ich möchte euch noch mal auf den letzten Absatz hinweisen! In der ersten Zeile kommen eine oder mehrere Personen vor, manchmal auch Tiere! Also überlegt euch Tiere oder eine Person, ein Name eines Ortes gehört ebenfalls dazu!
SmA: Ey, die will über mich ein Gedicht schreiben!
Lw: Sei doch froh, wenn einer ein Gedicht über dich schreiben will. O.k., dann fangt mal an! Bitte das beachten, was wir gesehen haben!

132 (Unruhe, Diskussionen untereinander, was man schreiben könnte,
133 Schüler schauen durch die Luft, viele schreiben nichts.
134 Lw geht durch die Klasse, versucht den Gruppen zu helfen.
135 SwB läuft durch die Klasse, wirft Papier weg, dann sucht
136 sie das Klassenbuch und schlägt daraufhin anderen
137 Schüler!
138 18 Minuten später …)
139 Lw: Wollen wir mal Zwischenbericht machen?
140 SwD: Ja!
141 Lw: Sucht euch eine Stadt und ein Tier aus und versucht da
142 herum Wörter zu bilden. Es muss auch keinen Sinn ergeben!
143 Es kann total blödsinnig sein.
144 (3 Minuten lang große Unruhe)
145 (3 Schüler lesen nach einander ihren Limerick vor)
147 (Lehrer schluckt und blickt kopfschüttelnd für kurze Zeit auf
148 den Boden)
149 Lw: O.k.! Als Hausaufgabe überdenkt ihr noch mal euren Limerick
150 und versucht einen weiteren zu schreiben!
151 (während Hausaufgaben erteilt werden, herrscht große Unruhe,
152 Schüler laufen durch die Klasse, manche sitzen mit dem
153 Rücken zum Lw! Vier Schüler begeben sich zum Tischfußball,
154 der in der Mitte des Klassenzimmers steht. Die HA werden
155 nicht notiert -> Stundenende!)
156 (Die Lehrerin packt noch vor Klingeln ihre Tasche und begibt
157 sich Richtung Tür. Als es klingelt verlässt sie die
158 Klasse.)

ApaeK – Archiv für pädagogische Kasuistik (http://www.apaek.uni-frankfurt.de)
URL: http://www.apaek.uni-frankfurt.de/show.php?docid=13

Forschungsbeiträge aus der Objektiven Hermeneutik
Herausgegeben von Ulrich Oevermann, Roland Burkholz, Christel Gärtner und Oliver Schmidtke

Band 1: **Christel Gärtner • Eugen Drewermann und das gegenwärtige Problem der Sinnstiftung.** Eine religionssoziologische Fallanalyse • 2000 541 Seiten • PDF 15,– EUR • Buch 34,80 EUR • ISBN 978-3-934157-04-0

Band 2: **Ulrich Oevermann • Strukturprobleme supervisorischer Praxis.** Eine objektiv hermeneutische Sequenzanalyse zur Überprüfung der Professionalisierungstheorie • 2. Aufl. 2003 • 314 Seiten • PDF 15,– EUR • Buch 29,80 EUR • ISBN 978-3-934157-21-7

Band 3: **Andreas Franzmann, Sascha Liebermann und Jörg Tykwer (Hg.) Die Macht des Geistes.** Soziologische Fallanalysen zum Strukturtyp des Intellektuellen • 2., korrigierte Auflage 2003 • 566 Seiten • PDF 15,– EUR • Buch 36,– EUR • ISBN 978-3-934157-10-1

Band 4: **Sascha Liebermann • Die Krise der Arbeitsgesellschaft im Bewußtsein deutscher Unternehmensführer.** Eine Deutungsmusteranalyse • 2002 • 382 Seiten • PDF 15,– EUR • Buch 32,90 EUR • ISBN 978-3-934157-18-7

Band 5: **Tomas Steffens • Familienmilieu und biographische Verläufe psychisch Kranker** • Fallanalysen zur sozialen Sinnstrukturiertheit schizophrener Erkrankungen • 2004 • 427 Seiten • PDF 15,– EUR • Buch 34,– EUR • ISBN 978-3-934157-11-8

Band 6: **Andreas Franzmann • Der Intellektuelle als Protagonist der Öffentlichkeit** • Krise und Räsonnement in der Affäre Dreyfus • 2004 • 552 Seiten • PDF 15,- EUR • Hardcover (Format 24 x 16,3 cm) 54,– EUR • ISBN 978-3-934157-13-2

Band 7 (2 Teilbände): **Peter Münte • Die Autonomisierung der Erfahrungswissenschaften im Kontext frühneuzeitlicher Herrschaft.** Fallrekonstruktive Analysen zur Gründung der *Royal Society*
Band 1: Theoretische Einbettung und modellbildende Analysen • 2004 • 316 Seiten • PDF 15,– EUR • Buch 29,80 EUR • ISBN 978-3-934157-26-2
Band 2: Weiterführende Analysen und Kritik der historischen Forschung • 2004 • 380 Seiten • PDF 15,– EUR • Buch 34,80 EUR • ISBN 978-3-934157-27-9

Band 8: **Oliver Schmidtke • Architektur als professionalisierte Praxis.** Soziologische Fallrekonstruktionen zur Professionalisierungsbedürftigkeit der Architektur • 2006 • 458 Seiten • 100 Abbildungen • PDF 15,– EUR • Buch 36,– EUR • ISBN 978-3-934157-45-3

Band 9: **Johannes Twardella • Pädagogischer Pessimismus.** Eine Fallstudie zu einem Syndrom der Unterrichtskultur an deutschen Schulen • 2008 • 115 Seiten • PDF 6,90 EUR • Buch 14,90 EUR • ISBN 978-3-934157-62-0

Band 10: **Manuel Franzmann und Christian Pawlytta • Gemeinwohlbindung und Solidarität in Deutschland.** Fallanalysen zur These der Entsolidarisierung • 2008 • ca. 496 Seiten • PDF 15,– EUR • Buch 36,– EUR • ISBN 978-3-934157-52-1